Mach's zu deinem Job!
Berufe für eine nachhaltige Zukunft

Helene Flachsenberg

MACH'S ZU DEINEM JOB!

Berufe für eine nachhaltige Zukunft

Gabriel

INHALT

FÜR WEN IST DIESES BUCH?

Vielleicht bist du noch in der Schule, machst dir aber schon Gedanken, wie es danach weitergehen soll. Vielleicht stehst du kurz vor dem Abschluss und fragst dich das Gleiche. Vielleicht hast du auch schon eine vage Idee, was du einmal beruflich machen möchtest.

Egal, wo du in deiner Laufbahn stehst: Wichtig ist dir dabei, dass du etwas tust, das sinnvoll ist. Du willst nicht einfach nur Geld scheffeln oder eine möglichst ruhige Kugel schieben, sondern wirklich etwas bewegen. Einen Job, bei dem du die Welt jeden Tag ein kleines bisschen besser machst.

Denn, machen wir uns nichts vor: Auf dieser Welt läuft ziemlich viel schief. Die Menschheit hat den Planeten dermaßen ausgelaugt, dass sich die Klimakrise immer mehr zuspitzt. Ihre Auswirkungen sehen wir jetzt schon überall – sei es beim schmelzenden Eis in der Arktis oder ganz nah vor unserer Haustür, in unseren Wäldern und Flüssen.

Auch in unserer Gesellschaft geht es noch lange nicht gerecht zu. Täglich haben Menschen mit Rassismus zu kämpfen. Diskriminierung gibt es auch noch immer gegen LGBTQI, Menschen mit Behinderungen oder anderen Personengruppen, denen die Gesellschaft den Stempel »anders« aufdrückt.

All das willst du nicht einfach so hinnehmen. Gleichzeitig fragst du dich, was du als einzelner Mensch überhaupt tun kannst – und wie sich das in einen Beruf umsetzen lässt. Denn du hast auch schon eine gewisse Ahnung, dass der Arbeitsmarkt nach seinen eigenen Mechanismen funktioniert, dass nicht einfach alle das machen können, worauf sie Lust haben, und dafür dann ein üppiges Gehalt bekommen.

Wo kannst du ihn finden – den Job für die Zukunft?

Wir können nicht alle die Klimaaktivistin Greta Thunberg oder die Friedensnobelpreisträgerin Malala Yousafzai sein. Und zum Glück ist das auch völlig in Ordnung. Ja, es braucht Leute wie sie, die viel beachtete Reden halten, die andere mit ihrer Arbeit aufrütteln und inspirieren. Aber es braucht auch ganz viele andere Leute. Wenn wir die Welt besser machen wollen, gibt es sehr, sehr viel zu tun. Und es gibt sehr, sehr viele unterschiedliche Dinge zu tun.

Sprechen wir über eine bessere Welt, fällt oft das Wort »Nachhaltigkeit«. Dabei denkt man vielleicht zuerst an Dinge wie weniger Plastikverpackungen oder Reisen per Bahn statt per Flugzeug. Doch in Wahrheit steckt noch viel mehr in diesem Begriff. Wenn wir diese Welt zu mehr Nachhaltigkeit bringen wollen, dann müssen wir das auf vielen Wegen tun: Wir brauchen nicht nur saubere Weltmeere oder umweltfreundlichere Fortbewegungsmittel. Wir brauchen auch soziale Gerechtigkeit, einen fairen Arbeitsmarkt, auf dem alle die gleichen Chancen haben, und neue Geschäftsmodelle, die nicht auf Ausbeutung basieren.

Das klingt erst mal nach sehr großen, abstrakten Zielen. Doch wenn man genauer hinschaut, stecken dahinter ganz viele konkrete Aufgaben. Und damit ganz viele konkrete Jobs, bei denen bestimmt auch einer für dich dabei ist.

Dieses Buch soll dir helfen, einen solchen Job zu finden.

Einsteigen werden wir mit ein paar grundsätzlichen Überlegungen, wonach man seinen Beruf eigentlich auswählen sollte. Als Nächstes werden wir uns anschauen, was alles in dem Begriff Nachhaltigkeit steckt.

Um dir zu helfen, deinen eigenen Platz in der Arbeitswelt zu finden, gibt es außerdem einen Abschnitt, der unterschiedliche Persönlichkeitstypen beleuchtet. Bist du eher eine Planerin? Ein Vermittler? Oder doch die Kreative? Je nachdem gibt es Jobs, die sich mehr oder weniger für dich eignen können.

Und dann geht es direkt in die Praxis: Im folgenden Teil werden unterschiedliche Branchen und Berufe vorgestellt, die zu einer besseren Welt beitragen. Außerdem wirst du Menschen begegnen, die mit ihrem Job einen Beitrag leisten. In kurzen Interviews erzählen sie, welche Fähigkeiten man für ihren Beruf braucht, was sie den ganzen Tag so tun und warum das wichtig ist. Mithilfe solcher Berichte von echten Menschen kannst du dir den Arbeitsalltag besser vorstellen.

Und damit du nach dem Lesen nicht einfach nur vor einem Berg von Informationen stehst, geht es im letzten Kapitel noch einmal darum, wie du jetzt weitermachen kannst, damit der Einstieg in deinen neuen Traumberuf gelingt.

Die meisten Menschen verbringen einen großen Teil ihres Erwachse-nenlebens bei der Arbeit.[1] Und bis jemand eine bessere Idee hat, sind wir auf Arbeit angewiesen, um Geld zu verdienen und ein gutes Leben zu führen. Doch das muss uns gar nicht frustrieren. Denn, wie du auf den folgenden Seiten sehen wirst: Es gibt jede Menge spannende und wichtige Jobs. Jobs, die wirklich etwas bewegen. Und wenn du den richtigen für dich findest, dann macht so ein Job sogar Spaß.

Also – lass uns loslegen.

WAS MUSS ICH AUF DER SUCHE NACH MEINEM TRAUMJOB BEACHTEN?

Bevor wir uns die konkreten Jobs angucken, in denen du zu einer besseren Welt beitragen kannst, lass uns erst mal über ein paar grundsätzliche Eigenschaften eines Traumjobs reden. Denn egal, wie wichtig die Sache ist, an der du mitarbeitest: Wenn die Aufgaben und die Rahmenbedingungen eines Jobs nicht zu dir passen, wirst du nicht glücklich. Und wenn man etwas von einem Traumjob erwarten darf, dann, dass er dich glücklich macht.

Zum Glück wissen wir ziemlich viel darüber, was ihn ausmacht, den perfekten Job. Wissenschaftler*innen und andere Fachleute haben sich über Jahrzehnte mit diesem Thema beschäftigt und viele Erkenntnisse gewonnen. Die wichtigsten Punkte werden auf den kommenden Seiten zusammengefasst. Außerdem wird es Fragen geben, die du dir stellen kannst – und deren Antworten dir auf der Suche nach deinem persönlichen Traumjob weiterhelfen.

Was macht also deinen Traumjob aus?

Du bist gut in dem, was du machst

In seinem Beruf sollte man etwas tun, was man gut kann. Das mag auf den ersten Blick offensichtlich erscheinen. Aber tatsächlich wählen viele ihren Beruf nicht nach ihren Fähigkeiten aus, sondern nach ihren Interessen. Und das, zeigt die Forschung immer wieder, kann in die Hose gehen.

Zufriedener und erfolgreicher im Job sind die Leute mit einem Beruf, der ihren Begabungen entspricht. Tut man etwas, das man gut kann, hat man immer wieder Erfolgserlebnisse, die ein gutes Gefühl geben. Außerdem kommt man schneller im Job voran, wird vielleicht befördert oder kann sich die Arbeitsstelle aussuchen.[2]

Die gute Nachricht: Jede*r kann etwas besonders gut. Ja, wirklich jede*r. Es kann aber auch etwas dauern, bis man herausfindet, was das ist. Denn manche Begabungen sind offensichtlicher als andere, und manche entdeckt man erst später im Leben.

Bedenke dabei auch, dass »Begabung« nicht heißen muss, dass du bei dieser Sache *besser* bist als alle anderen. Stattdessen geht es um Bereiche, in denen du zufrieden bist mit deinen Leistungen, weil du etwas gut hinbekommst, ohne dich dafür übermäßig anstrengen zu müssen.

Fragen, die dir helfen können, deine Begabungen zu finden:

> *Gibt es Schulfächer, in denen du gute Noten hast?*
> *Gab es einzelne Unterrichtseinheiten oder Projekte, die dir besonders leichtfielen?*
> *Machst du in deiner Freizeit Dinge, bei denen du gute Ergebnisse erzielst? Z. B. im Sportverein, beim Handwerken oder am Computer?*
> *Denk auch an den zwischenmenschlichen Bereich: Suchen andere bei dir Rat, wenn sie unglücklich sind? Hast du in deinem Freundeskreis immer die verrücktesten Ideen? Kannst du gut zwischen deinen Geschwistern vermitteln, wenn die sich streiten?*
> *Solche sozialen Begabungen können sich auch in der Schule zeigen. Kannst du vielleicht besonders gut Referate halten und anderen etwas erklären? Oder sorgst du bei Gruppenarbeiten immer dafür, dass alles glattläuft?*

TU, WAS DU LIEBST?

In sozialen Medien oder in Ratgeberbüchern liest man oft Ratschläge wie »Follow your passion« oder, auch sehr beliebt: »Finde einen Job, den du liebst, und du wirst in deinem Leben keinen Tag arbeiten.« Wenn man dem folgt, müsste man theoretisch einfach irgendein Hobby oder ein Interesse nehmen, und dann einen Beruf suchen, der damit zu tun hat.

Doch diese Ratschläge sind ziemlich verkürzt. Denn man kann in einem Bereich arbeiten, den man super interessant findet, und trotzdem kreuzunglücklich sein. Eine passionierte Fußballspielerin kann einen Job beim FC Bayern München landen, aber sich dort zu Tode langweilen, weil sie den ganzen Tag nur vor einem Computer sitzt und überprüft, wie viele Fan-Tassen pro Tag im Online-Shop verkauft werden.

Außerdem ist es oft so, dass Bereiche, in denen Leute privat Begeisterung zeigen, nicht unbedingt die sind, in denen es die meisten Jobs gibt. Viele Leute machen gern Musik – Rockstars werden nur die wenigsten. Ähnlich ist es beim Sport oder in der Kunst. Auch hier gelingt es nur wenigen, mit ihrer Leidenschaft Geld zu verdienen.

Man sollte zudem bedenken: Wer eine Leidenschaft zum Beruf macht, kann privat die Freude daran verlieren. Oft erfüllt ein Hobby oder ein Interesse ja eine Funktion – du kannst dabei abschalten, dich kreativ ausleben, oder einfach Spaß haben. Wenn du aber gezwungen bist, damit Geld zu verdienen, verlierst du vielleicht den Spaß an der Sache.

Hinzu kommt: Nicht jede*r hat so eine große Leidenschaft oder das eine Hobby, in das er oder sie die ganze Freizeit steckt. Vielleicht triffst du dich einfach gern mit Freund*innen, liest mal ein Buch und gehst ins Kino. Das bedeutet aber noch lange nicht, dass es keinen Job gibt, der perfekt zu dir passt.

Und zuletzt: Unsere Interessen können sich ändern. Überleg mal, was du vor fünf Jahren gern gemacht hast, welche Serien du geguckt hast und welche Klamotten du dir gekauft hast – findest du das alles heute noch genauso gut?

Die Arbeit fesselt dich

Kennst du das: Du machst etwas und bist davon so eingenommen, dass du irgendwann auf die Uhr schaust und überrascht bist, wie viele Stunden vergangen sind? Vielleicht erlebst du das beim Sport, beim Zeichnen oder beim Computerspielen.

Im besten Fall solltest du genau dieses Gefühl auch in deinem Job erleben. Denn Forscher*innen haben herausgefunden, dass Menschen, die bei der Arbeit in einem solchen »Flow«-Zustand geraten, am zufriedensten mit ihrem Job sind.[3] Macht ja auch Sinn: Statt gelangweilt zu warten, dass die Stunden bis zum Feierabend verstreichen, gehen so die Tage schnell vorbei.

Fragen, die du dir stellen kannst:

> *Wann vergeht dir die Zeit besonders schnell?*
> *Welche Tätigkeiten könntest du stundenlang machen?*
> *Welche Schulstunden kommen dir kürzer vor als andere?*

Du fühlst dich mit den Menschen um dich herum wohl

Wenn man arbeitet, sieht man seine Kolleg*innen mitunter öfter als seine Freund*innen oder Familie. Deswegen ist es wichtig, dass man sich mit ihnen versteht. Das bedeutet nicht, dass man mit allen gleich best friends werden muss. Viel wichtiger ist, dass deine Kolleg*innen dich unterstützen, also hilfsbereit sind und faires Feedback geben.

Zum jetzigen Zeitpunkt kannst du mit dieser Info vielleicht noch nicht so viel anfangen. Schließlich ist das hier ein Buch zur Berufsorientierung, und die Kolleg*innen lernt man meistens erst kennen, wenn eine konkrete Arbeitsstelle in Aussicht ist. Trotzdem ist das etwas, was du im Hinterkopf behalten solltest: *Mit wem* du arbeitest, ist ebenso wichtig wie das, *was* du tust. Selbst vermeintlich langweilige Jobs können Spaß machen, wenn man sie zusammen mit einem tollen Team macht.

Außerdem kannst du schon jetzt darüber nachdenken, wann du dich unter Menschen am wohlsten fühlst. Denn auch hier gibt es zwischen Berufen große Unterschiede. Während man in manchen Jobs die meiste Zeit für sich allein ist, trifft man in anderen viele und ständig neue Menschen.

Frage dich deshalb:

> *Mag ich Gruppenarbeiten und Projekte mit vielen Leuten? Arbeite ich gern in Zweierteams, bei denen man sich mit einer anderen Person abspricht?*
> *Oder mache ich lieber ganz mein eigenes Ding?*
> *Lerne ich gern viele unterschiedliche Menschen kennen oder ist es mir lieber, wenn ich in einem vertrauten Umfeld bin?*

DIE SACHE MIT DEM GELD

»Geld macht nicht glücklich«, den Spruch hast du bestimmt schon mal gehört. Andererseits ist auch klar: Zu wenig Geld macht unglücklich. Denn wer arm ist, bleibt von vielen Teilen des Lebens ausgeschlossen. Deshalb sollte ein Beruf genug einbringen, damit du im Leben auf nichts Wichtiges verzichten musst. Eine angemessene Bezahlung ist außerdem ein Zeichen von Respekt und Wertschätzung. Wer sich ständig abrackert, dafür aber bloß warme Worte oder nicht mal das bekommt, wird langfristig einen Groll gegen seine Arbeit entwickeln.

Deshalb ist es wichtig und auch vollkommen in Ordnung, sich im Job eine angemessene Bezahlung zu wünschen – selbst dann, wenn es um »die gute Sache« geht. Schließlich sollte eine faire Behandlung bei den eigenen Mitarbeitenden anfangen.

Etwas Wahres ist an dem Spruch dennoch dran. Tatsächlich ist wissenschaftlich belegt: Je mehr Geld die Menschen verdienen, desto zufriedener sind sie – vermutlich allerdings nur bis zu einem gewissen Punkt. Ab wann genau es keinen Zusammenhang mehr zwischen einem höheren Einkommen und der Zufriedenheit der Menschen gibt, darüber ist sich die Wissenschaft nicht ganz einig. Klar ist aber: Superreiche sind nicht automatisch superglücklich.

Was bedeutet das für die Jobsuche? Offenbar sollte man den Traumjob nicht nur danach aussuchen, wo es das meiste Geld zu verdienen gibt. Gleichzeitig solltest du dich auf keinen Fall »unter Wert« verkaufen. Von deinem Job solltest du leben können – und zwar nicht nur gerade so.

Die Arbeit leistet einen Beitrag

Zuletzt zeigen die Untersuchungen zum Thema »Traumjob« noch einen ganz wichtigen Punkt: Menschen sind dann glücklich mit ihrem Job, wenn sie ihn für sinnvoll halten.[4]

Aus psychologischen Experimenten wissen wir, dass es uns froh macht, anderen Menschen zu helfen.[5] Und das scheint auch im Beruf zu funktionieren. Dabei muss die Hilfe gar nicht unbedingt direkt erfolgen – also beispielsweise wie bei einer Ärztin, die eine kranke Person heilt. Es reicht, wenn ich weiß, dass meine Arbeit einen guten Zweck hat, selbst wenn ich nicht persönlich jemandem helfe.

Diese Erkenntnis kommt uns natürlich sehr gelegen. Denn genau darum soll es in diesem Buch ja gehen: einen Job zu finden, der die Welt ein bisschen besser macht.

VORSICHT, KILLER-KRITERIEN!

Nun haben wir uns angeguckt, was einen Traumjob ausmacht. Doch Wissenschaftler*innen haben nicht nur erforscht, was an einem Beruf glücklich macht, sondern auch, wann Leute bei der Arbeit besonders unglücklich sind. Dabei zeigt sich immer wieder, dass es vor allem vier Dinge gibt, die aus einem Job einen Horrorjob machen – selbst dann, wenn die Tätigkeit an sich den Menschen eigentlich gefällt.

Auch von diesen vier Killer-Kriterien solltest du schon einmal gehört haben. Denn sie können dich im schlimmsten Fall vor einer Enttäuschung bewahren.

Was Menschen bei der Arbeit unglücklich werden lässt:

> *Lange Arbeitszeiten:* Damit sind sowohl viele Arbeitsstunden am Stück gemeint als auch Jobs, in denen man regelmäßig erst spät am Abend Schluss hat.[6]
> *Unfaire Bezahlung:* Das heißt nicht bloß, dass man wenig verdient, sondern vor allem, dass das Gehalt im Vergleich mit anderen Kolleg*innen im Unternehmen oder auch bei anderen vergleichbaren Firmen zu gering ist.[7]
> *Job-Unsicherheit:* Wenn man beispielsweise nur befristet angestellt ist, oder ständig fürchtet, dass die Firma pleitegeht.[8]
> *Eine lange Pendelstrecke:* Wenn Menschen sehr lang zu ihrem Arbeitsplatz brauchen, sind sie unzufriedener.[9]

WELCHER PERSÖNLICHKEITS-TYP BIN ICH?

Vorneweg

Wie du auf den folgenden Seiten sehen wirst, ist die Arbeitswelt unglaublich vielfältig. Es gibt Berufe, von denen du wahrscheinlich noch nie gehört hast, oder von denen du zumindest nicht weißt, was man da eigentlich genau macht. Eines haben jedoch alle diese Jobs gemeinsam: Für irgendjemanden sind sie genau richtig. Die Frage, die du dir wahrscheinlich stellst, ist: Woher weiß ich, welcher jemand ich bin?

Diese Persönlichkeitstypen können dir dabei ein bisschen helfen. Das folgende Kapitel stellt euch fünf Typen von Menschen vor und erklärt, worin diese besonders gut sind und wie sie ihre Fähigkeiten in der Arbeitswelt einbringen können.10 Je nachdem, wo du dich einordnest, kann dir das schon einmal eine Richtung vorgeben, welche Jobs für dich infrage kommen. Schau also beim Lesen, von welcher Beschreibung du dich am ehesten angesprochen und wiedergegeben fühlst.

Aber: Menschen sind komplex. Sie lassen sich natürlich nicht einfach auf einer Buchseite vollständig zusammenfassen. Vielleicht findest du dich auch in mehreren Typen wieder. Jede*r von uns ist eine einzigartige Kombination aus Eigenschaften und Fähigkeiten. Das Wichtigste ist, dass du anfängst, über dich selbst und deine Fähigkeiten nachzudenken.

DAS ORGANISATIONSTALENT

Das Organisationstalent behält immer den Überblick. Menschen, die in diese Kategorie passen, halten bei Projekten in der Schule oder in ihrer Freund*innen-Gruppe alles zusammen. Eine große Gruppenarbeit steht an? Das Organisationstalent verteilt die Aufgaben, stellt sicher, dass die anderen sie auch rechtzeitig erledigen, und führt am Ende die Ergebnisse zusammen. Am Wochenende ist ein Ausflug an den See geplant? Das Organisationstalent findet heraus, welche Radroute die schnellste ist, koordiniert, wer welche Snacks mitbringt und achtet darauf, dass am Ende kein Müll auf der Wiese liegen bleibt. Auch die eigenen Angelegenheiten hat das Organisationstalent immer im Griff. Dass es mal einen Geburtstag vergisst, kommt selten vor – und ein passendes Geschenk ist natürlich rechtzeitig vor der Party besorgt.

Mit anderen Worten: Organisationstalente haben auf dem Schirm, welche Aufgaben erledigt werden müssen, um ein Projekt erfolgreich zu Ende zu führen. Und sie haben Spaß daran, das Projekt zu begleiten, sich regelmäßig mit anderen Beteiligten abzusprechen und alle Fäden in der Hand zu halten. Ein Organisationstalent zu sein, bedeutet nicht, unflexibel oder spießig zu sein. Es heißt lediglich, immer den Blick auf das Endergebnis zu richten – und das kann auch heißen, spontan einen Plan abzuändern, wenn er nicht funktioniert wie gedacht.

Stärken: Pläne schmieden und umsetzen; Dinge organisieren wie Partys oder Gruppenarbeiten; Probleme frühzeitig erkennen und Lösungen finden

Dein Platz in der Arbeitswelt

Das Organisationstalent hat Glück: Dinge zu organisieren gehört in ganz vielen Branchen dazu. Überall, wo unterschiedliche Menschen an einem Projekt beteiligt sind, muss es Leute geben, die den Überblick behalten. Hier kann das Organisationstalent seine Begabung perfekt einbringen.

Das Organisationstalent kann z. B. gut im Veranstaltungsbereich arbeiten. Ob es darum geht, eine Messe zu organisieren, ein Charity-Event oder einen wissenschaftlichen Kongress: Bei einer Veranstaltung muss im richtigen Moment alles sitzen, vom Catering zur Beleuchtung bis zum Sicherheitskonzept. Damit das klappt, braucht es Leute, die koordinieren.

Aber auch sonst gibt es viele Einsatzbereiche für ein Organisationstalent. In so gut wie jedem Unternehmen und jeder Organisation gibt es Projekte, bei denen unterschiedliche Menschen oder Abteilungen beteiligt sind. Hier kann sich das Organisationstalent ebenso gut einbringen, indem es z. B. als Projektmanager*in oder Teamleiter*in die Aufsicht über alles übernimmt.

Jobs, die zu dir passen könnten:

> Energiemanager*in
> Logistiker*in
> Pressesprecher*in
> Projektmanager*in
> Veranstaltungskauffrau*mann

DIE TOOLBOX

Die Toolbox findet man an vielen Orten – nur nicht am Schreibtisch. Denn sie arbeitet am liebsten mit ihren Händen. Sie baut und bastelt gern. Angst, sich die Hände schmutzig zu machen, kennt sie nicht. Sie ist gern in der Natur, schon als Kind hat sie Staudämme gebaut oder kleine Hütten im Wald. Vielleicht hat sie einen Hund, mit dem sie gern lange Spaziergänge macht und stundenlang Stöckchen wirft. Langes Herumsitzen hingegen liegt der Toolbox nicht, ebenso wenig wie ausführliche theoretische Diskussionen. Ihr ist es lieber, Dinge auszuprobieren und Probleme praktisch zu lösen. Wenn etwas kaputtgeht, repariert sie es selbst. Wenn sie dafür noch zusätzliche Hilfe oder Material braucht, organisiert sie das eben. Einen Fahrradschlauch zu wechseln oder auch einen Knopf anzunähen, ist für sie schon als Kind selbstverständlich. Die Toolbox mag es, wenn sie sehen und anfassen kann, woran sie gearbeitet hat – besonders dann, wenn es gut geworden ist.

In der Regel sind Toolboxen schwer aus der Ruhe zu bringen, denn sie haben Vertrauen in ihre eigenen Fähigkeiten und sind sich sicher, dass es für jedes Problem eine Lösung gibt. Das schätzen auch Freund*innen an ihnen. Auf Toolboxen kann man sich verlassen, weil sie immer bereit sind, zu helfen und andere mit ihren Fähigkeiten zu unterstützen.

Stärken: handwerkliches Geschick; Tüfteln und Bauen; praktisches Denken

Dein Platz in der Arbeitswelt

Mit ihren Begabungen sind Toolboxen wie gemacht für das Handwerk. Denn in handwerklichen Berufen geht es, wie der Name schon sagt, darum, Dinge mit den Händen zu erledigen. Statt ständig vor einem Computer zu sitzen, arbeiten Handwerker*innen mit unterschiedlichen Werkzeugen und Werkstoffen: Schreiner*innen stellen Möbel her, sie gestalten Fenster, Türen oder ganze Inneneinrichtungen. Bäcker*innen stehen in der Backstube und kneten leckere Brötchen und Brote. Im Baugewerbe läuft nichts ohne Maurer*innen, Dachdecker*innen und Maler*innen.

Weil sie die Natur mögen, freuen sich Toolboxen auch über Jobs, bei denen sie viel draußen sind, vielleicht sogar mit Tieren oder Pflanzen arbeiten. Doch selbst in Bürojobs können Toolboxen ihre Stärken aus-spielen. Besonders gut funktioniert das etwa in Ingenieursberufen, bei denen es darum geht, neue Maschinen zu entwickeln. Auch hier ist das praktische Denken der Toolboxen ein großer Vorteil.

Jobs, die zu dir passen könnten:

> Förster*in
> Gärtner*in
> Handwerker*in
> Ingenieur*in
> Tierpfleger*in oder Tierärzt*in

DER MENSCHEN-MENSCH

Den Menschen-Mensch erkennt man daran, dass andere zu ihm kommen, wenn es ihnen schlecht geht. Denn der Menschen-Mensch kann gut zuhören. Er kann sich in seine Gesprächspartner*innen hineinversetzen und versteht deshalb, was diese in dem Moment brauchen. Wenn sein Gegenüber es möchte, überlegt er gern gemeinsam Lösungen für ein Problem – aber er weiß auch, dass man sich Ratschläge manchmal sparen und einfach nur für eine Person da sein sollte. Seine eigene Meinung kann er in diesem Moment zurückstellen.

Manchmal spürt der Menschen-Mensch auch, dass jemand sich nicht gut fühlt, ohne dass die Person es ihm sagt. Denn er hat sehr feine Antennen für die Gefühle anderer. Er merkt, wenn seine Eltern gerade gezankt haben – auch wenn sie so tun, als wäre alles super. Dem Menschen-Mensch ist es wichtig, dass seine Mitmenschen glücklich sind. Gern trägt er seinen Teil dazu bei, wenn das in seiner Macht steht. Deshalb ist der Menschen-Mensch ein toller Freund und eine großartige Freundin.

Das muss nicht bedeuten, dass er der Mittelpunkt jeder Party ist. Menschen-Menschen können auch introvertiert sein. Ihre Begabung liegt vor allem darin, jedem einzelnen Menschen ihre Aufmerksamkeit zu schenken und auf dessen Bedürfnisse einzugehen.

Stärken: ein offenes Ohr; gutes Gespür für die Gefühle und Bedürfnisse anderer; auf Menschen eingehen; Lösungen für ihre Probleme finden

Dein Platz in der Arbeitswelt

Der Menschen-Mensch ist besonders geeignet für Jobs, in denen er mit – Überraschung – Menschen arbeitet. Durch sein feines soziales Gespür kann er viel Verständnis aufbringen, aber auch gut persönliche Probleme lösen. Das ist vor allem in Berufen nützlich, in denen man Menschen in Krisensituationen hilft, z. B. Geflüchteten oder Menschen mit psychischen Problemen. Wenn seine Mitmenschen unter Stress stehen oder Angst haben, kann der Menschen-Mensch seine soziale Begabung einsetzen.

Generell eignen sich Menschen-Menschen für die Arbeit mit Personengruppen, die mehr Unterstützung brauchen. Das könnten kleine Kinder sein, Jugendliche, alte Menschen oder Menschen mit Behinderung. Auch in diesen Bereichen zahlt es sich aus, dass der Menschen-Mensch auf jede Person individuell eingeht, sich gut in andere einfühlen kann und für sie da sein möchte.

Abgesehen von sozialen Berufen sind Menschen-Menschen auch in Unternehmen gut aufgehoben. Denn Mitarbeitende sind schließlich auch Menschen. Als Teamleiter*innen, Betriebsrät*innen oder Personalabteilungsmitarbeitende etwa können Menschen-Menschen ihre Fähigkeiten dafur einsetzen, dass am Arbeitsplatz menschlich alles glattläuft.

Jobs, die zu dir passen könnten:

> Geburtshelfer*in
> Pädagog*in
> Pfleger*in
> Psychotherapeut*in
> Sozialarbeiter*in

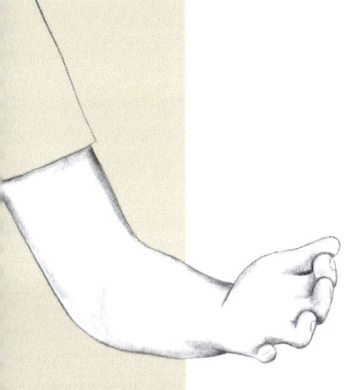

23

DER NERD

In Filmen erkennt man Nerds oft an einer dicken Brille. Mit der Realität hat das wenig zu tun. Im wahren Leben zeichnet Nerds eher aus, dass sie sich gern ausführlich in komplizierte Themen einarbeiten. Schulfächer wie Mathe oder Naturwissenschaften fallen ihnen leicht. Auch in ihrer Freizeit fordern sie ihren Kopf gern heraus. Manche spielen stundenlang Strategiespiele. Andere arbeiten sich in aller Ausführlichkeit in ein Thema ein, das sie interessiert, vertiefen sich in Bücher oder Dokus und sind erst zufrieden, wenn sie alles darüber wissen.

Nerds fällt es leicht, Zusammenhänge zu begreifen. Sie mögen es, wenn Dinge logisch aufgebaut sind, denn so können sie diese nach Belieben auseinanderbauen und wieder zusammensetzen. Deshalb können sie auch gut mit Computern und werden von ihrer Familie regelmäßig als IT-Spezialist*innen eingesetzt. Das kann zwar nervig sein – aber meistens lässt sich ihr Ehrgeiz wecken, wenn man ihnen ein Problem vorsetzt, das sie mit logischem Denken und Detailkenntnis entschlüsseln können.

Was Nerds hingegen gar nicht berührt, sind Oberflächlichkeiten. Small Talk brauchen sie nicht, ebenso wenig scheren sie sich um Gossip. Wenn sie sich mit anderen unterhalten, mögen sie lieber tiefgründige Gespräche und Diskussionen, in denen sich ihr Gegenüber ebenfalls mit einem Thema auskennt. Oft haben sie deshalb eher wenige, gute Freund*innen als einen riesigen Kreis von flüchtigen Bekannten.

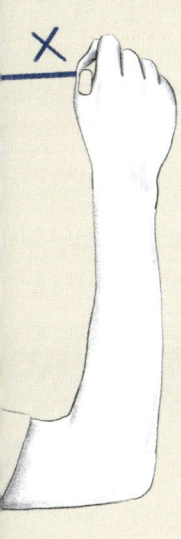

Stärken: Rechnen; logisches Denken; Technik; Computer; Zusammenhänge begreifen; Detailwissen

Dein Platz in der Arbeitswelt

Dass ein Nerd zu sein absolut nichts Schlechtes ist, merkt man auch daran, wie begehrt die Menschen dieser Kategorie in der Arbeitswelt sind. Gerade für Leute, die sich für Computer begeistern, gibt es eigentlich überall Einsatzmöglichkeiten – schließlich läuft immer mehr auf dieser Welt digital ab. Ob es darum geht, eine App zu programmieren, die Arbeitscomputer in einem Unternehmen instand zu halten oder schlaue Geräte zu bauen: Ohne IT-Fachleute kommt kein Betrieb aus.

Informatiker*in zu werden, ist jedoch bei Weitem nicht der einzige mögliche Berufsweg. Dass sich Nerds gern im Detail mit Dingen beschäftigen und logisch denken können, kommt ihnen auch in vielen anderen Berufen zugute. So können sie sich in Laboren und Forschungseinrichtungen wohlfühlen, wo man genau hinsehen und analysieren muss. Von einer Karriere als Laborant*in bis zur Wissenschaftler*in ist hier alles drin. Ebenso gut können sie ihre Fähigkeiten in technischen Berufen einsetzen, sei es beim Reparieren eines Autos oder bei der Konstruktion einer Maschine.

Jobs, die zu dir passen könnten:

> Buchhalter*in
> Forscher*in
> Ingenieur*in
> Pharmazeut*in
> Programmierer*in

DER KREATIVE KOPF

Wer gute Ideen braucht, sollte den kreativen Kopf fragen. Für Außenstehende ist es oft erstaunlich, wo diese Menschen ihre Einfälle hernehmen. Was dem kreativen Kopf einfällt, ist wahlweise originell, schön, genial. Dabei kann jeder kreative Kopf seinen Einfallsreichtum auf eine andere Weise ausdrücken. Vielleicht findet man ihn hinter einer Leinwand oder einer Kameralinse, immer damit beschäftigt, neue, bunte Bilder zu erschaffen. Viele kreative Köpfe sind handwerklich begabt, nähen etwa ihre eigene Kleidung oder bauen sich mal eben einen Couchtisch aus Sperrmüll. Vielleicht schreibt der kreative Kopf aber auch spannende Aufsätze, Geschichten oder Gedichte. Oder tobt sich auf sozialen Netzwerken in lustig-verrückten Videos aus. Kreative Köpfe spielen möglicherweise in einer Band, oder schreiben ihre eigenen Songs im Schlafzimmer.

Was immer es auch sein mag: Menschen in dieser Kategorie finden immer Wege, ihre Kreativität auszudrücken und Neues zu erschaffen. Auf das Immergleiche haben sie keine Lust. So wird es mit ihnen als Freund*in nie langweilig.

Stärken: Ideenfindung; Dinge gestalten; neue Ansätze und Perspektiven einbringen

Dein Platz in der Arbeitswelt

Je nachdem, in welchem Bereich kreative Köpfe ihre Begabung ausdrücken, können sie diese direkt zu einem Beruf machen. Es gibt für alle Arten von kreativen Werken einen Abnehmer, seien es Fotografien, Gemälde, Bücher, Musikstücke oder selbst getöpferte Kaffeebecher. Allerdings hat so ein künstlerischer Job zuweilen auch seine Tücken (siehe dazu S. 12).

In Bereichen wie Musik, Kunst und Literatur gibt es ebenfalls Berufe, die zwar mit dem Thema zu tun haben, bei denen man aber nicht selbst die Person ist, die etwas erschafft. Da ist die Tontechnikerin, die bei einem Konzert dafür sorgt, dass die Band gut klingt. Da ist der Kunsthistoriker, der eine Ausstellung in einem Museum plant. Und da ist die Lektorin, die die Bücher anderer Autor*innen liest und bearbeitet.

Wer sich sein künstlerisches Hobby lieber ganz für seine Freizeit aufbewahren will, kann mit seiner Kreativität auch auf andere Art im Job punkten. Denn kreative Köpfe können ihren Ideenreichtum in anderen Bereichen ebenso gut einsetzen. Das könnte die Öffentlichkeitsarbeit sein, wo man originell sein muss, um die Aufmerksamkeit der Leute zu erregen. Es könnte Produktdesign sein, wo es darum geht, einen Gegenstand sowohl schön als auch funktional zu gestalten. Damit der kreative Kopf nicht eingeht, sollte sein perfekter Job bloß eines nicht sein: eintönig.

Jobs, die zu dir passen könnten:

> Grafikdesigner*in
> Mediengestalter*in
> Produktdesigner*in
> Social Media Manager*in
> UX-Designer*in

DAS ENERGIEBÜNDEL

Energiebündel sind, nun ja, energiegeladen. Sie brauchen immer irgendein Projekt, und wenn das sich dem Ende zuneigt, sind sie mit dem Kopf schon im nächsten. Menschen dieser Kategorie halten sich nicht lange mit Abwägungen oder Selbstzweifeln auf. Im schlimmsten Fall geht halt mal etwas schief – aber Hauptsache, sie haben es probiert. Energiebündel sind zudem gut darin, andere Menschen für eine Sache zu gewinnen. Sie können selbstbewusst auftreten und hartnäckig bleiben, ihre Begeisterung ist ansteckend. Im Freundeskreis sind sie oft diejenigen, die die anderen abends überreden, noch auszugehen, auch wenn eigentlich alle zu müde sind. Oder die ihre Freund*innen am meisten unterstützen, wenn sie zu ängstlich oder zu schüchtern für etwas sind. Zur Not packen sie selbst mit an.

Energiebündel sind nämlich jederzeit bereit, zur Tat zu schreiten, wenn ihnen etwas gegen den Strich läuft. In der Schulzeit sind sie Klassen- oder Schulsprecher und machen sich stark für ihre Mitschüler*innen. Ganz nebenbei sind sie vermutlich noch Kapitän*in ihrer Fußballmannschaft, spielen in einer Theatergruppe und helfen im örtlichen Tierheim aus. Denn der Tag des Energiebündels scheint irgendwie mehr als 24 Stunden zu haben.

Stärken: Projekte anstoßen; andere motivieren; selbstbewusstes Auftreten

Dein Platz in der Arbeitswelt

Die größte Stärke eines Energiebündels ist sein Antrieb. Dieser kann ihm in vielen Berufen sehr nützlich sein, besonders, wenn es darum geht, andere Menschen zu motivieren oder für eine Sache zu gewinnen. Wenn wir ganz groß denken, wäre Bundeskanzler*in ein super Job für das Energiebündel. In diesem Amt würde es die großen Probleme angehen und alle anderen dazu bringen, mitzumachen. Aber auch im Kleinen kann diese Fähigkeit sehr nützlich sein. So benötigen z. B. vor allem gemeinnützige Organisationen immer Unterstützung, in Form von Freiwilligen oder Geld. Das Energiebündel ist mit seiner mitreißenden Art wie dazu gemacht, Unterstützer*innen zu finden.

Insgesamt ist das Energiebündel gut in Jobs, die eine Menge Eigeninitiative fordern. Sie können auch gut als Selbstständige arbeiten und ihr eigener Boss sein, als Journalist*in oder Coach etwa. Vielleicht gründen sie sogar irgendwann ein eigenes Unternehmen, eröffnen ein Café oder rufen ein Hilfsprojekt ins Leben. Wo andere frustriert aufgeben würden, kämpfen sie sich stets durch – weil sie eben für diese Sache brennen.

Jobs, die zu dir passen könnten:

> Campaigner*in
> Entwicklungshelfer*in
> Fundraiser*in
> Politiker*in
> Journalist*in

PERSÖNLICHKEITEN SIND VIELSCHICHTIG

Lass uns nun noch einmal darauf schauen, wie es dir beim Lesen ergangen ist. Hast du dich in einem der Typen wiedergefunden? Vielleicht sogar in mehreren?

Letzteres wäre übrigens ganz normal. Denn das ist noch einmal ganz wichtig zu betonen: Die Persönlichkeitstypen sind nur grobe Kategorisierungen. Es kann sein, dass du unterschiedliche Typen in dir trägst. Es kann aber genauso gut sein, dass du dich in gar keiner Kategorie zu 100 Prozent widergespiegelt fühlst. Als Menschen nehmen wir in unserem Leben viele unterschiedliche Rollen ein. Die können sich je nach Umfeld unterscheiden: Vielleicht bist du in der Schule eher zurückhaltend, im Sportverein kommt dann aber dein Energiebündel raus. Wer du bist, kann auch von der Lebensphase abhängen: Vielleicht konntest du dich als Kind stundenlang mit Büchern beschäftigen, während du heute lieber aktiv bist und mit deinen Händen arbeitest.

Auf der Suche nach deinem Traumjob ist es dennoch ganz wesentlich, dass du dich mit dir selbst beschäftigst und dich fragst: Wer bin ich eigentlich? Was kann ich gut, was kann ich vielleicht weniger gut? Das Ziel dieses Kapitels war vor allem, diese Überlegungen in deinem Kopf anzustoßen.

Abgesehen davon sollten wir uns jedoch daran erinnern, dass es noch viele weitere Faktoren gibt, die einen Traumberuf ausmachen. Im vorherigen Kapitel haben wir einige davon schon besprochen.

Die Persönlichkeitstypen werden dir im weiteren Verlauf des Buches noch begegnen. Du wirst bei Jobs, die für die jeweiligen Typen besonders gut geeignet sind, einen Hinweis finden. Auch das ist nicht in Stein gemeißelt, sondern vor allem als kleiner Anstoß gedacht, der dich vielleicht in die eine oder andere Richtung etwas tiefer nachdenken lässt.

EXKURS: WAS IST EIGENTLICH NACHHALTIGKEIT?

Wenn es um eine bessere Welt geht, dann ist »Nachhaltigkeit« einer der zentralen Begriffe. Und auch sonst ist das Wort heute überall. Influencer*innen geben Tipps, wie man Plastik vermeidet und so nachhaltiger lebt, große Modeketten werben mit nachhaltigen Materialien, und sogar Girokonten und Suchmaschinen sollen inzwischen nachhaltig sein. Doch was genau bedeutet das überhaupt?

Obwohl es gerade in den letzten Jahren immer häufiger auftaucht, ist das Wort »Nachhaltigkeit« schon ziemlich alt.[11] Der Erste, der es benutzte, war Carl von Carlowitz, ein Oberberghauptmann – heute würde man ihn wahrscheinlich einen Förster nennen. Dieser von Carlowitz sagte schon vor 300 Jahren, dass man in einem Wald nur so viele Bäume fällen sollte, wie innerhalb von kurzer Zeit wieder nachwachsen können.

Damit war er eigentlich schon ziemlich nah an dem, was wir heute unter Nachhaltigkeit verstehen. Eine häufig genutzte Definition wurde von einer Kommission von Expert*innen der Vereinten Nationen 1987 verfasst: »Dauerhafte Entwicklung ist Entwicklung, die die Bedürfnisse der Gegenwart befriedigt, ohne zu riskieren, dass künftige Generationen ihre Bedürfnisse nicht befriedigen können.«[12]

Wenn man Nachhaltigkeit hört, denken viele zunächst an Umweltschutz, erneuerbare Energien oder Zero Waste-Lifestyle. Tatsächlich gehört aber noch viel mehr dazu. Deshalb spricht man von den drei Säulen der Nachhaltigkeit: Ökologie (also alles, was uns und unsere Beziehungen zu unserer Umwelt betrifft), Ökonomie (Wirtschaft) und Soziales (unser gesellschaftliches Zusammenleben).[13] Diese drei Säulen sind gleich wichtig, heißt: Man geht davon aus, dass eine wirklich nachhaltige Entwicklung nur möglich ist, wenn umweltbezogene, wirtschaftliche und soziale Ziele gleichberechtigt umgesetzt werden.

Wenn du dir darunter noch immer nicht so richtig etwas vorstellen kannst – kein Problem. Verständlicher wird es, wenn man sich die 17 Nachhaltigkeitsziele der Vereinten Nationen anschaut. Der englische Begriff dafür lautet »Sustainable Development Goals«. Deshalb wird als Abkürzung oft einfach »SDGs« verwendet.

Den Vereinten Nationen gehören fast alle Staaten der Welt an, sie sind die wichtigste internationale Organisation. Weil die Vereinten Nationen erkannt haben, dass eine nachhaltige Entwicklung nur gemeinsam in Gang gesetzt werden kann, haben sie 17 konkrete Ziele definiert, auf die alle beteiligten Staaten hinarbeiten sollen – sowohl die Regierungen als auch die Gesellschaft, die Wirtschaft und die Wissenschaft. Hinter allen SDGs steht ein großes Ziel: ein menschenwürdiges Leben zu ermöglichen und dabei die natürlichen Ressourcen dieser Erde zu bewahren. Also eigentlich nicht weniger als: die Welt retten.

Im Folgenden werden alle 17 SDGs kurz vorgestellt. Keine Sorge, du musst sie nicht auswendig lernen – aber sie werden im Laufe des Buches immer wieder eine Rolle spielen. Denn in diesem Buch sollen die Jobs als »nachhaltig« gelten, die sich einem oder mehreren dieser Ziele zuordnen lassen.

DIE NACHHALTIGKEITSZIELE DER VEREINTEN NATIONEN[14]

1. Armut in jeder Form und überall beenden

Darum geht's: sowohl um extreme Armut dort, wo Menschen unter Hungersnöten leiden, als auch um Menschen, die in wohlhabenden Ländern wie Deutschland deutlich weniger zur Verfügung haben als andere

Das ist wichtig, weil: arme Menschen nicht nur weniger Geld zur Verfügung haben, sondern auch früher sterben, häufiger erkranken, weniger gebildet sind und weniger am beruflichen und gesellschaftlichen Leben teilnehmen

2. Ernährung weltweit sichern

Darum geht's: um eine Welt ohne Hunger und darum, sicherzustellen, dass wir alle auch in Zukunft ausreichend und gesund zu essen haben

Das ist wichtig, weil: Essen ein Grundbedürfnis ist und Klimawandel und Landwirtschaft eng zusammenhängen

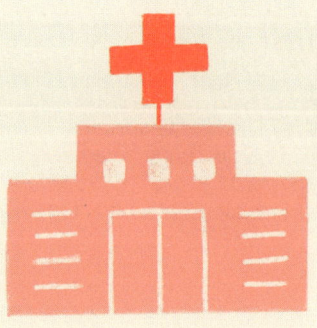

3. Gesundheit und Wohlbefinden

Darum geht's: Zugang zu medizinischer Versorgung, also zu Ärzt*innen und Krankenhäusern, sowie zu Medikamenten. Außerdem sollen allen Menschen sauberes Wasser und gute Luft zur Verfügung stehen

Das ist wichtig, weil: in manchen Ländern noch immer Menschen an Krankheiten sterben, die eigentlich gut heilbar sind. Und weil nicht zuletzt die Corona-Pandemie gezeigt hat, dass unser aller Gesundheit zusammenhängt

4. Hochwertige Bildung weltweit

Darum geht's: eine gute Schul- und Berufsausbildung, zu der alle Menschen Zugang haben – und die auch über Nachhaltigkeit aufklärt
Das ist wichtig, weil: Bildung es Menschen ermöglicht, ihre politische, soziale, kulturelle und wirtschaftliche Situation zu verbessern

5. Gleichstellung von Männern und Frauen

Darum geht's: dass Menschen unabhängig von ihrem Geschlecht die gleichen Rechte und Chancen haben
Das ist wichtig, weil: vor allem Frauen in vielen Teilen der Welt noch immer benachteiligt sind. Auch in Deutschland gibt es Verbesserungsbedarf

6. Sauberes Wasser und Sanitäreinrichtungen

Darum geht's: Zugang zu Trinkwasser und Einrichtungen zur Körperhygiene, also Duschen, Toiletten usw.
Das ist wichtig, weil: fließendes, sauberes Wasser und Sanitäranlagen längst nicht allen Menschen zur Verfügung stehen und der Klimawandel die Wasserversorgung gefährdet

7. Bezahlbare und saubere Energie

Darum geht's: mehr erneuerbare Energien, also z. B. Wind- und Solarenergie

Das ist wichtig, weil: ohne Energie quasi nichts läuft und viele der alten Energiequellen wie Kohle- oder Atomstrom der Umwelt stark schaden

8. Menschenwürdige Arbeit und Wirtschaftswachstum

Darum geht's: nachhaltiges Wirtschaftswachstum, das gute Arbeitsplätze für Menschen auf aller Welt schafft, damit alle Länder am Wohlstand teilhaben, nicht nur reiche Industrienationen

Das ist wichtig, weil: an einer neuen, nachhaltigen Wirtschaft alle Menschen gleichermaßen beteiligt sein müssen

9. Industrie, Innovation, Infrastruktur

Darum geht's: neue Ideen und Erfindungen zu fördern, mit deren Hilfe wir in Zukunft nachhaltiger leben können, z. B. neue Fortbewegungsmittel

Das ist wichtig, weil: solche neuen Ideen eine große Hilfe sein können, die Herausforderungen des Klimawandels zu meistern

10. Verminderte Ungleichheiten innerhalb und zwischen Ländern

Darum geht's: Einkommen und Vermögen weltweit anzugleichen

Das ist wichtig, weil: der Wohlstand auf der Welt extrem ungleich verteilt ist

11. Nachhaltige Städte und Gemeinden

Darum geht's: bezahlbare Mieten, weniger Umweltbelastung in Städten (z. B. durch mehr öffentlichen Nahverkehr); aber auch darum, dass Menschen auf dem Land nicht abgehängt werden

Das ist wichtig, weil: Lebensraum für Menschen wichtig ist, aber dringend nachhaltiger werden muss

12. Nachhaltig produzieren und konsumieren

Darum geht's: Industrie und auch Privatpersonen zu ermutigen, die natürlichen Ressourcen schonend einzusetzen

Das ist wichtig, weil: das, was täglich über Fabrikbänder und Kassentheken geht, einen riesigen Einfluss auf unsere Umwelt hat

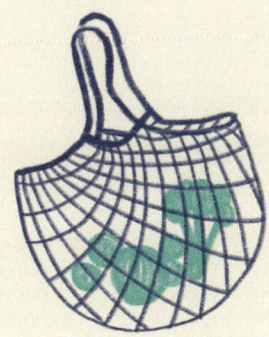

13. Klimaschutz weltweit umsetzen

Darum geht's: dem Klimawandel mit konkreten Maßnahmen entgegenzutreten
Das ist wichtig, weil: wir jetzt handeln müssen, statt zuzulassen, dass sich das Klima weiter verschlechtert

14. Leben unter Wasser

Darum geht's: das Meer und die Tiere, die in ihm leben, zu schützen – vor Verschmutzung, Überfischung und Klimawandel
Das ist wichtig, weil: wir gesunde Meere brauchen, damit unsere Umwelt im Gleichgewicht bleiben kann

15. Leben an Land

Darum geht's: um gesunde Wälder, Böden, Flüsse, Seen und Berge, die Lebensraum für unzählige Tierarten bieten
Das ist wichtig, weil: diese Ökosysteme schon jetzt stark beschädigt sind, wir sie aber zum Überleben brauchen

16. Frieden, Gerechtigkeit und starke und transparente Institutionen

Darum geht's: Gerichte und Behörden, denen man vertrauen kann

Das ist wichtig, weil: in vielen Ländern der Welt Korruption ein großes Problem ist. Öffentliche Entscheidungen werden nicht getroffen, um das Beste für die Bürger*innen zu bewirken, sondern weil jemand privat daran mitverdient

17. Partnerschaften, um Ziele zu erreichen

Darum geht's: dass nicht jedes Land für sich kämpft, sondern alle miteinander

Das ist wichtig, weil: wir all diese Herausforderungen nur schaffen können, wenn weltweit alle Regierungen und Bürger*innen am selben Strang ziehen

Du siehst: Nachhaltigkeit hat viele unterschiedliche Seiten. Aber auch das ist für uns eine gute Nachricht. Denn es heißt, dass die Jobs, mit denen du zu einer besseren Welt beitragen kannst, ebenso vielfältig sind.

WO KANN ICH ARBEITEN?

Natürlich ist es wichtig, *was* ich arbeite. Aber es spielt auch eine entscheidende Rolle, *wo* ich es tue, genauer gesagt: wer mein Arbeitgeber ist. Oder ob ich überhaupt einen habe.

Job ist nicht gleich Job. Es gibt in Deutschland unterschiedliche Wege, sein Geld zu verdienen. Man kann beim Staat angestellt sein, bei einer Firma arbeiten oder selbstständig sein. Und auch Unternehmen ist nicht gleich Unternehmen. Da gibt es große Unterschiede sowie Vor- und Nachteile, die du kennen solltest, wenn du dich auf deine Berufswahl vorbereitest.

Eine kleine Übersicht:

Öffentlicher Dienst

Der größte Arbeitgeber in Deutschland ist der öffentliche Dienst. Das heißt: Millionen von Menschen sind beim Staat angestellt. Und sie erledigen Aufgaben, für die der Staat verantwortlich ist. Beispiele sind Richter*innen, Lehrer*innen und Soldat*innen, die sich jeweils um die Rechtsprechung, die Bildung junger Menschen und die Verteidigung des Landes kümmern.

Ein großer Teil des öffentlichen Dienstes ist zudem Verwaltung. Auch wenn »Verwaltung« erst einmal nach fader Bürokratie und langen Fluren voller Akten klingt, beinhaltet dieser Bereich viele unterschiedliche Aufgabenfelder. Neben der Gesetzgebung, der Rechtsprechung und dem Regieren hat der Staat nämlich noch etliche weitere Aufgaben, die er gegenüber seinen Bürger*innen erfüllen muss. Dafür gibt es auf Bundes-, Landes- und Kommunalebene Behörden.
Damit das etwas anschaulicher wird, hier ein paar Beispiele von Behörden, die wir in Deutschland haben:

> Die Bundespolizei, die für Grenzschutz, Bahnpolizei und Luftsicherheit zuständig ist
> Der Deutsche Wetterdienst, der das Klima überwacht und Wettervorhersagen macht
> Die Bundesanstalt für Gewässerkunde, die die Bundeswasserstraßen überwacht

> Das Umweltministerium eines Bundeslandes, das Naturschutzgebiete fördert
> Das Jugendamt einer Stadt, das Kinder und Jugendliche beschützen soll

Was die Arbeit im öffentlichen Dienst für viele Menschen attraktiv macht, sind die Arbeitsbedingungen. Die Stellen sind in der Regel sehr sicher und es ist unwahrscheinlich, gekündigt zu werden. Wer verbeamtet wird, ist sogar beinahe unkündbar. Außerdem gibt es festgeschriebene Gehälter, die sich mit der Zeit erhöhen. All diese Dinge sind bei vielen Jobs in der sogenannten »freien Wirtschaft« keineswegs selbstverständlich.

Weil beim Staat alles immer extra-korrekt ablaufen muss, kann die Arbeit im öffentlichen Dienst aber auch etwas schwerfällig sein. Die Mitarbeitenden können oft nicht einfach spontan etwas entscheiden, sondern müssen sich an Vorschriften halten, Anträge schreiben und auf die Genehmigung verschiedener Stellen warten.

Viele der Themengebiete, um die es später noch gehen wird, liegen auch in der Hand des Staates – Klimaschutz etwa, Stadtplanung oder soziale Dienstleistungen. Der öffentliche Dienst kommt deshalb durchaus als Arbeitgeber infrage, wenn du nach einem Job mit Sinn suchst.

Beispiele in diesem Buch: Gisa, Försterin, ist Teil der Forstverwaltung (Seite 54-55); Tina, Meeresbiologin, ist bei einem staatlich finanzierten Forschungsinstitut angestellt (Seite 60-61); Felix, Umweltschutzmanager, arbeitet bei der Stadt (Seite 106-107)

Kleine und mittelständische Unternehmen

Die meisten Firmen in Deutschland sind kleine und mittlere Unternehmen – auch KMU abgekürzt. Als kleines Unternehmen zählt ein Betrieb mit weniger als 50 Mitarbeitenden, ein mittleres Unternehmen kann je nach Definition bis zu 250 oder bis zu 500 Mitarbeitende haben. Eine Gemeinsamkeit von KMU ist, dass sie oftmals Familienbetriebe sind oder von einer Person geführt werden, der die Firma gleichzeitig gehört. In Deutschland redet man oft vom »Mittelstand«, gemeint sind damit eben solche Unternehmen. Rund die Hälfte der Deutschen arbeiten in einem kleinen oder mittelständischen Unternehmen.

Weil KMU so vielfältig sind, ist es schwer, allgemeingültige Vor- und Nachteile von solchen Arbeitgebern zu benennen. Bei kleinen Unternehmen gibt es sicherlich mehr persönlichen Kontakt, dein*e Chef*in kennt deinen Namen und dein Geburtstag steht im Kalender. Gegenüber der Arbeit im öffentlichen Dienst oder auch in einem Großkonzern können Mitarbeitende in KMUs zudem mehr Freiheiten haben, weil sie weniger an festgelegte Abläufe gebunden sind. Insofern kann es in einem KMU auch leichter sein, etwas zu verändern oder zu bewirken – auch in puncto Nachhaltigkeit.

Beispiele in diesem Buch: Manu, Programmierer, ist bei einer grünen Bank mit etwa 100 Mitarbeitenden angestellt (Seite 72-73); Jannis, Fahrradkonstrukteur, arbeitet bei einem Fahrradhersteller mit rund 50 Mitarbeitenden (Seite 100-101).

Großkonzerne

Großkonzerne sind Firmen, die sehr hohen Umsatz machen und sehr viele Mitarbeitende haben – mehrere Tausend oder gar Hunderttausende. Häufig sind diese Firmen international tätig, haben also Büros und Fabriken in ganz Europa oder weltweit. In der Regel gehören Großkonzerne nicht einer Person oder einer Familie, sondern viele verschiedene Parteien besitzen kleine Teile des Unternehmens. Die Chef*innen solcher Konzerne sind also auch »nur« Angestellte.

Damit diese großen Firmen mit vielen Mitarbeitenden und verschiedenen Standorten alle auf die gleiche Weise arbeiten, gibt es in den meisten Großkonzernen streng festgelegte Prozesse. Das heißt, es gibt Vorgaben, wie Teams aufgebaut sein müssen, wer welche Aufgaben übernimmt und wie diese erledigt werden. Auch Kontrolle, dass diese Richtlinien eingehalten werden, gehört dazu. Für die Mitarbeitenden bedeutet das, dass sie eher wenig Freiheiten haben, was ihre Arbeit angeht, oder auch, wenn sie etwas im Unternehmen verändern wollen.

Das ist einer der Gründe, warum viele Großunternehmen in puncto Nachhaltigkeit nicht besonders gut dastehen: Veränderungen lassen sich nur langsam erwirken. Es gibt jedoch noch einen weiteren Grund, weshalb du bei Großkonzernen genauer hinschauen solltest: Der Name Großunternehmen trägt es schon in sich – bei solchen Konzernen geht es in der Regel um Expansion, also das Ausbreiten und Größerwerden. Das Unternehmensziel ist ein möglichst hoher Umsatz, der jedes Jahr noch höher werden soll. Waren werden um die ganze Welt geschickt, häufig in ärmeren Ländern produziert und in reicheren teuer weiterverkauft. Sowohl sozial als auch ökologisch ist das oftmals nicht nachhaltig – im Gegenteil.

Natürlich haben auch Großunternehmen gemerkt, dass Menschen solchen Geschäftspraktiken zunehmend kritisch gegenüberstehen. Manche nehmen sich deshalb Nachhaltigkeitsziele vor und schalten große Werbekampagnen, in denen sie sich als umwelt- oder sozialverträglich darstellen. Hier ist jedoch besondere Vorsicht vor dem sogenannten Greenwashing geboten: Das bedeutet, dass Firmen einzelne nachhaltige Projekte stark bewerben, in ihrer Gesamtheit aber überhaupt nicht nachhaltig handeln (mehr auf Seite 177).

Beispiele in diesem Buch: Dimitri, Servicetechniker für Windkraftanlagen, arbeitet bei einem Energieunternehmen mit über 25.000 Mitarbeitenden (Seite 50-51).

Start-ups

Start-ups werden meistens von einer oder mehreren Personen gegründet, die eine Idee für ein einzelnes innovatives Produkt oder eine Dienstleistung haben. Die Gründer*innen haben etwas erfunden, das es so vorher nicht gab, für das sie aber großen Bedarf sehen.

Start-ups befinden sich als Firmen ganz am Anfang. Sie verkaufen ihr Produkt noch nicht im großen Stil, verfügen weder über Fabriken noch Bürogebäude. Um sich zu vergrößern, benötigen sie Unterstützung von sogenannten Investor*innen, die an die Idee glauben und den Gründer*innen Geld geben. Deshalb ist diese Arbeit oft mit einer gewissen Unsicherheit verbunden. Das Start-up muss sich als Firma erst noch etablieren – langfristig planen kannst du mit so einem Job nicht unbedingt.

Im Schnitt sind Gründer*innen von Start-ups recht jung, ebenso die Teams, die sie aufbauen. Häufig gibt es in Start-ups moderne Arbeitsbedingungen, etwa, dass alle arbeiten können, wann sie wollen, oder dass alle Mitarbeitenden gleichberechtigt sind und nicht die einen den anderen sagen, was sie zu tun haben. Oft sind Start-ups offener für neue Ideen als traditionsreiche Unternehmen. Vielleicht kennst du dieses Klischee-Bild eines Start-ups von einem großen Loft mit bunten

Möbeln und jungen, diversen Mitarbeitenden, die in der Mittagspause Tischkicker spielen und Mate trinken? Ein bisschen was ist da tatsächlich dran.

Die Start-up-Welt hat allerdings auch ihre Schattenseiten. Weil Start-ups noch kein oder nur wenig Geld einnehmen, zahlen sie oft nur geringe Gehälter. Außerdem wird von den Mitarbeitenden in der Regel ein hoher Einsatz erwartet, damit das Unternehmen Erfolg hat. Das kann bedeuten, dass die Angestellten viel Stress haben und häufig Überstunden machen müssen – die nicht bezahlt werden.

Allerdings zeigt sich auch beim Thema Nachhaltigkeit, dass die Start-up-Branche Raum für neue Ideen bietet. Schon heute gibt es viele Start-ups, die sich als Geschäftsidee die Lösung eines ökologischen oder gesellschaftlichen Problems vorgenommen haben. Oftmals ist dann von »Green« oder »Social« Start-ups die Rede. Deshalb können in solchen Unternehmen große Chancen für nachhaltigere Produkte oder Geschäftsmodelle liegen. Allerdings ist auch hier nicht alles Gold, was glänzt. In der Vergangenheit gab es auch schon einige Fälle, bei denen sich Green Start-ups als Misserfolge erwiesen haben oder nur Scheinlösungen anzubieten hatten.

Beispiele in diesem Buch: Anne, Venture Builderin, gründet beruflich neue Start-ups (Seite 66-67); Rezwan, Data Scientist, arbeitet bei einem Start-up, das Klamotten verleiht (Seite 80-81); Gülay führt ein Social Start-up, das Obdachlosen die Möglichkeit zum Duschen gibt (Seite 154-155).

Non-Profit-Organisationen

Wie der Name schon sagt, geht es Non-Profit-Organisationen nicht darum, möglichst viel Geld zu machen. Stattdessen haben diese Organisationen ein gemeinnütziges Ziel. So gut wie alle Non-Profit-Organisationen haben viele ehrenamtliche Mitarbeitende, also Freiwillige, die für ihre Arbeit kein Geld bekommen. Es gibt aber auch hier richtige Jobs mit einem Gehalt – das allerdings oft eher niedrig ausfällt.

Obwohl Non-Profit-Organisationen keinen Gewinn machen, brauchen sie natürlich trotzdem Geld, um ihre Projekte und ihre Mitarbeitenden zu bezahlen. Zu diesem Zweck gibt es in den Unternehmen sogenannte Fundraiser, die durch Spenden oder Kooperationen Geld eintreiben.

Manche Aufgaben in Non-Profit-Organisationen müssen dauerhaft erledigt werden, z. B. muss es dort immer eine Buchhalterin oder einen Pressesprecher geben. Doch viele andere Jobs sind projektbezogen. Das heißt, es werden nur für eine bestimmte Zeit Mitarbeitende gebraucht. Die erhalten dann meistens befristete Verträge, etwa für ein halbes oder ein Jahr. Wer langfristig planen möchte und sich auch finanzielle Sicherheit wünscht, ist mit einer solchen Projektstelle eher nicht so gut bedient.

Der große Vorteil bei einer Non-Profit-Organisation ist jedoch: Hier kannst du dir in der Regel am sichersten sein, dass du für die gute Sache arbeitest. Denn ein gemeinnütziges Ziel gehört schließlich zum Wesen einer Non-Profit-Organisation.

Allein in Deutschland gibt es inzwischen Tausende von Non-Profit-Organisationen. Fast jedes Thema ist dabei abgedeckt, von Tierschutz, Kampf gegen Rassismus bis zu Aufklärungsarbeit über die Klimakrise.

Beispiele in diesem Buch: Antonia, Grafikdesignerin, arbeitet bei einer Organisation, die über Sexismus und Homophobie aufklärt (Seite 122-123); Frederik, Fundraiser, ist bei einer Online-Plattform für mehr Transparenz in der Politik (Seite 128-129); Claudia, Beraterin, hilft Betroffenen von Hass im Netz (Seite 142-143).

Selbstständigkeit

Ein Arbeitgeber fehlt noch – und zwar du selbst. Denn neben der Möglichkeit, irgendwo angestellt zu sein, gibt es noch die Selbstständigkeit, auch Freiberuflichkeit genannt. Selbstständige bieten in der Regel eine oder mehrere Dienstleistungen an und machen Verträge mit einzelnen Kund*innen. Es gibt viele Berufe, in denen man sich selbstständig machen kann – sei es als Journalist*in, als Elektriker*in oder als Influencer*in. In diesem Fall bist du ein sogenanntes Einzelunternehmen.

Selbstständige können all das Geld, das sie einnehmen, auch behalten (mit Abzug von Steuern natürlich). Das heißt, wenn sie mehr arbeiten oder große Aufträge an Land ziehen, dann verdienen sie auch mehr. Angestellte erhalten hingegen meistens den gleichen Lohn, ganz egal, wie das Geschäft gerade läuft. Dafür tragen Selbstständige auch dann die volle Verantwortung, wenn es mal nicht so gut läuft. Wenn sie krank werden oder ein Kunde abspringt, verdienen sie im schlimmsten Fall gar nichts. Nicht zu unterschätzen ist außerdem der organisatorische Aufwand: Selbstständige müssen nicht nur ihre eigentliche Arbeit erledigen, sondern auch ihre Buchhaltung machen, Steuern berechnen und rechtzeitig zahlen, Rechnungen schreiben und neue Kund*innen gewinnen.

Dennoch genießen viele Selbstständige die Freiheit, die diese Form der Arbeit mit sich bringt. Man muss sich von niemandem sagen lassen, was man zu tun hat, und kann sich die Arbeit einteilen, wie man möchte. Das bedeutet auch, dass man nur die Aufträge annehmen kann, hinter denen man steht, und in Sachen Nachhaltigkeit nach den eigenen Prinzipien handeln kann.

Beispiele in diesem Buch: Lara, Ernährungsberaterin, ist selbstständig (Seite 94-95); Alexandra, Diversity Trainerin, ist ebenfalls freiberuflich unterwegs (Seite 124-125).

Das eigene Unternehmen

Für diejenigen unter euch, die ganz groß denken, sei noch die Möglichkeit erwähnt, eine richtige eigene Firma zu gründen. Denn wenn man viele Mitarbeitende einstellen und hohen Umsatz erreichen möchte, reicht ein Einzelunternehmen irgendwann nicht mehr aus. Das hat unter anderem mit Haftung und Steuern zu tun.

Um eine Firma zu gründen, muss man allerdings Startkapital mitbringen. Bei einer GmbH, einer der häufigsten Unternehmensformen in Deutschland, sind das mindestens 25.000 Euro. Für Berufseinsteiger*innen ist dieser Schritt in der Regel noch nicht zu meistern. Wer sich aber langfristig eine solche Unternehmensgründung vorstellen kann, kann beispielsweise an einer Universität frühzeitig zu einer Gründungsberatung gehen – denn diesen Schritt plant man besser gut im Voraus.

Beispiele in diesem Buch: Tatjana, Influencerin, betreibt einen Online-Shop für nachhaltige Haushaltsartikel (Seite 116-117).

WAS KANN ICH ZU MEINEM JOB MACHEN?

Vorneweg

Jetzt haben wir lange über Berufswahl und Nachhaltigkeit geredet. Lass uns also zu dem kommen, worum es hier eigentlich geht: Jobs, Jobs, Jobs!

Auf den folgenden Seiten wirst du Branchen kennenlernen, in denen es allerhand zu tun gibt. Du wirst von wichtigen Aufgaben lesen, die die Menschheit zu lösen hat. Und du wirst erfahren, welche konkreten Berufe es gibt, mit denen du zu einer besseren Zukunft beitragen kannst.

Vor allem aber wirst du Menschen kennenlernen, die genau das schon tun. In kurzen Interviews erzählen sie von ihrer Arbeit, berichten, was sie in ihrem Job bewegt, und was man dafür überhaupt können muss. Und dann gibt es noch die »Job-Spots«, die dir kurz und bündig weitere Berufe vorstellen.

Natürlich kann dieses Buch nicht jeden Beruf zeigen, den es gibt. Die Arbeitswelt ist sehr vielfältig und gerade in Zukunfts-Branchen entwickelt sie sich ständig weiter. Es kann auch nicht jeder einzelne Beruf im Detail vorgestellt werden – denn damit könnte man ganze Bibliotheken füllen.

Mein Rat an dich: Schau dir alles einfach mal an. Überleg dir, wie du das findest, was die Menschen aus ihren Jobs erzählen. Denk dich in Jobs rein und beobachte, wie du dich dabei fühlst. Gib auch Berufen eine Chance, die dich auf den ersten Blick nicht so ansprechen. Manchmal entdeckt man doch noch etwas, das einem gefällt.

Aber jetzt erst mal: Bühne frei für die Jobs!

ENERGIE FÜR DIE ZUKUNFT PRODUZIEREN

Für fast alles in unserem Alltag brauchen wir Energie: wenn wir uns etwas zu essen machen, damit wir nachts sehen und das Internet benutzen können. Gleichzeitig ist dieser ständige Energieverbrauch eines der größten Probleme für unseren Planeten. Denn bisher wurde Energie vor allem aus fossilen Quellen gewonnen, also aus Stoffen, die irgendwann verbraucht sind. Dazu zählen Erdöl, Kohle und Erdgas. Weil diese Stoffe zur Neige gehen, ist unser derzeitiges System zur Energiegewinnung nicht für die Zukunft geeignet. Noch dazu sind fossile Energiequellen einer der Hauptgründe für die Klimakrise. Eine Untersuchung hat gezeigt, dass nur 100 Firmen auf der Welt für 71 Prozent der industriellen Treibhausgase verantwortlich sind.[15] Was das für Firmen sind? Große Energiekonzerne, die mit Erdöl oder Kohle arbeiten. Hier muss sich also dringend etwas ändern.

Die größte Hoffnung ruht derzeit auf den erneuerbaren Energien – Energiequellen, die nicht verbraucht werden können oder sich in kurzer Zeit wieder erneuern. Dazu zählen etwa Bioenergie, Geothermie, Wasserkraft, Meeresenergie, Sonnenenergie oder Windenergie. Manche dieser Energiequellen nutzen wir schon heute. Windkraft stemmt in Deutschland bereits rund 20 Prozent des Stromverbrauches.[16] Bei anderen Energiequellen muss erst noch erforscht werden, wie man diese nutzen könnte.

Fest steht: Die Energiegewinnung wird sich verändern müssen, und es wird viele Menschen brauchen, die dabei mitarbeiten und die offenen Fragen beantworten: Forscher*innen, die mehr über Wind- oder Meeresenergie herausfinden, und Ingenieur*innen, die Maschinen entwickeln. Dann wird es Arbeiter*innen brauchen, die diese Maschinen bauen und instand halten. Nicht zuletzt gibt es in den Energieunternehmen jede Menge Mitarbeitende, die nicht-technische Aufgaben übernehmen, Kund*innen zu Stromtarifen beraten oder die Buchhaltung machen.

Job-Spot:

Ingenieur*innen für erneuerbare Energien planen, betreiben und warten Windkraftwerke, Fotovoltaikanlagen und ähnliche Anlagen. Außerdem entwickeln sie neue Wege der Energiegewinnung. (Studium)

Arbeitsstellen:

> Energieunternehmen
> Forschungseinrichtungen, z. B. Fraunhofer-Institute oder Helmholtz-Zentren
> Städte und Behörden

Jobs:

> Anlagenmechaniker*in
> Elektroniker*in (Ausbildungsberuf)
> Energietechniker*in (Ausbildungsberuf)
> Fachagrarwirt*in für erneuerbare Energien (Weiterbildung)
> Fachwirt*in für Solartechnik (Weiterbildung)
> Industriemechaniker*in (Ausbildungsberuf)
> Ingenieur*in für erneuerbare Energien
> Mechatroniker*in (Ausbildungsberuf)
> Techniker*in für Umweltschutztechnik (Ausbildungsberuf)
> Technische*r Assistent*in für regenerative Energien (Ausbildungsberuf)
> Verwaltungsfachangestellte*r (Ausbildungsberuf)

Studiengänge:

> Elektrotechnik
> Energietechnik
> Energie- und Ressourcen-management
> Ingenieurwesen
> Maschinenbau
> Mathematik
> Physik
> Umwelttechnik
> Verfahrenstechnik

Nachhaltigkeitsziele:

 7. Bezahlbare und saubere Energie

 9. Industrie, Innovation und Infrastruktur

 13. Klimaschutz weltweit umsetzen

»Auch Windräder haben mal eine Panne – ich sorge dafür, dass sie sich weiterdrehen.«

Wie ich zu meinem Job gekommen bin: »Meine Ausbildung hatte noch nichts mit Windkraft zu tun: Ich habe Elektroniker für Automatisierungstechnik gelernt. Windkraft hat mich aber schon immer interessiert, und als ich von Kollegen gehört habe, dass es in dem Bereich Stellen gibt, habe ich mich sofort beworben. Mein späterer Chef hat mich dann erst einmal auf ein Windrad mitgenommen und geschaut, ob ich mit der Höhe klarkomme.
Bevor man anfangen kann, selbst auf den Windrädern zu arbeiten, muss man allerdings erst noch einige Schulungen besuchen, meistens direkt bei den Herstellern, die dann in die Technik einführen. Auch ein Höhenrettungstraining muss ich einmal im Jahr machen – denn wir arbeiten immer zu zweit, und ich bin somit für meine Kolleg*innen verantwortlich.«

So sieht mein Job aus: »Ich arbeite Onshore, betreue also Windkraftanlagen auf dem Festland. Dort kümmere ich mich um Wartung, Instandhaltung und Entstörung der Windräder, meistens im wöchentlichen Wechsel. Beim Warten und Instandsetzen geht es vor allem darum, regelmäßig zu überprüfen, dass mit den Anlagen noch alles in Ordnung ist. Gemeinsam mit einem Kollegen fahre ich dann zu einem Windrad und arbeite eine Checkliste ab. Sind wir für die Entstörung eingeteilt, sind die Tage weniger planbar. Wenn irgendwo ein Windrad nicht richtig funktioniert, müssen wir dort hinfahren und schnell herausfinden, wo der Fehler liegt, und ihn beheben. Denn jede Minute, die die Anlage nicht läuft, kostet das Unternehmen viel Geld.«

Warum sich mein Job sinnhaft anfühlt: »Die Windkraft ist einer der großen Hoffnungsträger für eine fossilfreie Zukunft. Ich leiste also einen Beitrag zur Energiewende.«

Der Job könnte dir gefallen, wenn … »du kein Problem mit Höhen hast und das vielleicht sogar schon beim Fallschirmspringen ausgetestet hast. Unser Arbeitsplatz befindet sich in der Regel in 149 Metern Höhe.«

Du solltest aber wissen, dass … »man viel auf Reisen ist. Ich bin sechs bis sieben Wochen im Jahr auf Montage, arbeite in unterschiedlichen Windkraftanlagen in Baden-Württemberg und übernachte solange in Hotels. Es gibt Kolleg*innen, die noch mehr unterwegs sind – vor allem die, die Offshore, also auf dem Meer tätig sind. Dann schläft man sogar auf einem Schiff.«

Was du mitbringen solltest: Teamfähigkeit; Reisebereitschaft; Schwindelfreiheit

Welcher Persönlichkeitstyp sich hier wohlfühlt: Die Toolbox

Wege in den Job: Ausbildung als Elektroniker*in, Mechatroniker*in oder Elektrotechniker*in – darauf aufbauend Weiterbildung als Servicetechniker*in für Windkraftanlagen

Verwandte Schulfächer: Physik; Sport

Verwandte Berufe: Technische*r Assistent*in für regenerative Energien; Anlagenmechaniker*in; Elektroanlagenmonteur*in

Kontakt zu Menschen:

Gehaltsaussichten:

---

*Erklärung: Die hier angegebenen Gehaltsstufen sind ungefähre Richtwerte für Gehälter innerhalb dieses Jobs – sie beziehen sich nicht auf das konkrete Gehalt der jeweiligen Personen, sondern auf Durchschnittswerte. Was die einzelnen Stufen in Zahlen bedeuten:

€ = Durchschnittliches Jahreseinkommen von 30.000 Euro oder weniger
€€ = Durchschnittliches Jahreseinkommen von 40.000 Euro oder weniger
€€€ = Durchschnittliches Jahreseinkommen von 50.000 Euro oder weniger
€€€€ = Durchschnittliches Jahreseinkommen von über 50.000 Euro

Alle Angaben beziehen sich auf eine Vollzeitstelle, also eine Person, die jeden Tag arbeitet. Es sind zudem Bruttogehälter, das heißt, dass davon noch Steuern, Krankenkasse usw. abgezogen werden.

TIERE UND PFLANZEN SCHÜTZEN

Tiere sind vielfältig und faszinierend. Von einigen Arten wissen wir dank der Forschung, dass sie eine komplexe Gefühlswelt haben. Bei Affen, Kühen oder Schweinen etwa kann man beobachten, dass sie intensive Beziehungen aufbauen und in der Lage sind, Trauer oder Schmerz zu empfinden. Selbst die kleinsten Tiere wie Käfer oder Würmer sind Spezialisten auf irgendeinem Gebiet und unverzichtbar für das Ökosystem, in dem sie leben.

Doch Tiere sind an vielen Orten gefährdet und schuld daran ist meistens der Mensch. Um Städte zu bauen oder Rohstoffe zu gewinnen, werden Lebensräume von Tieren beschnitten, Wälder abgeholzt oder Wiesen in Bauland umgewandelt. Weil die Menschheit Luft, Wasser und Böden verschmutzt, werden Tiere krank. Andere werden von den Menschen als sogenannte Nutztiere für Milchprodukte, Fleisch oder zur Fortbewegung gehalten, oft unter grausamen Bedingungen. Aus all diesen Gründen engagieren sich Menschen für den Tierschutz – um die Lebewesen selbst zu schützen und um unser Ökosystem aufrechtzuerhalten, in dem alles zusammenhängt.

Ähnliches gilt auch für Pflanzen. In ihrer Vielfalt haben sie alle eine Funktion. Wenn eine Gattung von der Erde verschwindet, kann das gesamte Ökosystem aus dem Gleichgewicht geraten. Deshalb ist der Einsatz für Biodiversität, die Erhaltung aller Arten, wichtig.

Jobs im Tier- und Pflanzenschutz gibt es unter anderem bei Natur- und Tierschutzorganisationen. Auch in der Verwaltung gibt es Stellen, z. B. bei Umweltbehörden, die für den Naturschutz in einer bestimmten Region zuständig sind. Eine weitere Möglichkeit ist die Wissenschaft. Je mehr wir über Tiere und Pflanzen wissen, desto besser können wir sie schützen.

Job-Spot:

Tierwirt*in wird man immer in einem bestimmten Fachbereich, z. B. Imkerei, Schäferei, Schweine-, Rinder oder Geflügelhaltung. Tierwirt*innen füttern und pflegen die jeweiligen Tiere, außerdem kümmern sie sich um deren Erzeugnisse wie Honig oder Milch. (Ausbildungsberuf)

Arbeitsstellen:

> Fischerei- und Forstwirtschaft
> Forschungseinrichtungen
> Gärtnereien
> Naturparks
> Öffentliche Verwaltung, z. B. Umweltbehörden oder Forstämter
> Tierschutz- und Umweltschutzorganisationen
> Veterinärwesen, z. B. Tierarztpraxen

Jobs:

> Biolog*in
> Fisch- oder Forstwirt*in (Ausbildungsberuf)
> Forstingenieur*in
> Gärtner*in (Ausbildungsberuf)
> Gartenbauingenieur*in
> Tierärzt*in
> Tierpfleger*in (Ausbildungsberuf)
> Tiermedizinische*r Fachangestellte*r (Ausbildungsberuf)
> Waldpädagog*in

Studiengänge:

> Agrarwissenschaften
> Biologie
> Forstwissenschaften
> Forstwirtschaft
> Meeresbiologie
> Ozeanologie
> Pferdewirtschaft
> Tiermedizin

Nachhaltigkeitsziele:

13. Klimaschutz weltweit umsetzen

14. Leben unter Wasser

15. Leben an Land

»Als Försterin sorge ich dafür, dass der Wald als Ökosystem und Holzlieferant, Zuhause für Tiere und Erholungsort für Menschen erhalten bleibt.«

Wie ich zu meinem Job gekommen bin: »Ich wollte gern einen Job, bei dem man viel draußen in der Natur ist. Also habe ich Forstwirtschaft studiert und danach eine Anwärter*innenlaufbahn beim Bundesland Niedersachsen absolviert. Das lässt sich mit dem Referendariat bei Lehrer*innen vergleichen. In dieser Zeit lernt man den Beruf in der Praxis kennen.«

So sieht mein Job aus: »Im Wald kommen viele unterschiedliche Interessen zusammen. Holz ist ein wertvoller Rohstoff, mit dem gehandelt wird. Gleichzeitig ist der Wald ein wichtiger Lebensraum für Tiere und Pflanzen. Menschen wollen ihn außerdem zur Erholung nutzen. Das alles unter einen Hut zu bekommen, ist die Aufgabe von uns Förster*innen. Der Klimawandel hat die Situation noch einmal verschärft.
Mein Fachgebiet ist Waldökologie und Waldnaturschutz. Ich interessiere mich besonders für Biotope wie Moore oder Wiesen. Zum einen ist das ein Bürojob. Gemeinsam mit meinen Kolleg*innen plane ich Projekte, stelle Nachforschungen an, mache Termine. Derzeit beschäftigte ich mich z. B. mit der Bedeutung alter Bäume für den Naturschutz und wie diese dauerhaft erhalten bleiben können. Wir sind aber auch viel im Wald, schauen dort nach dem Rechten, notieren, welche Tiere unterwegs sind. An Insekten kann man beispielsweise total viel ablesen – bestimmte Käfer leben nur in gesunden Wäldern. Wenn wir die sehen, ist das ein gutes Zeichen.«

Warum sich mein Job sinnhaft anfühlt: »In der Landwirtschaft plant man für den nächsten Sommer, in der Forstwirtschaft für die nächsten hundert Jahre. Mein Ziel ist es, dass der Wald als Lebensraum · und als Ressource erhalten bleibt, und zwar langfristig. Bei meiner Arbeit denke ich deshalb immer auch an die nächste und übernächste Generation.«

Der Job könnte dir gefallen, wenn ... »du – ganz einfach – gern im Wald bist.«

Du solltest aber wissen, dass ... »du als Förster*in einen Jagdschein machen musst. Ob und wie viel du später jagen gehst, kannst du dann aber selbst entscheiden.«

Was du mitbringen solltest: Selbstorganisation; Naturverbundenheit

Welcher Persönlichkeitstyp sich hier wohlfühlt: Die Toolbox

Wege in den Job: Studium Forstwissenschaften oder Forstwirtschaft, dann Laufbahn bei einem Bundesland

Verwandte Schulfächer: Biologie; Chemie; Physik

Verwandte Berufe: Waldpädagog*in; Tierpfleger*in

Kontakt zu Menschen:

Gehaltsaussichten:

LUFT UND WASSER SCHÜTZEN

Ohne Luft kann kein Lebewesen existieren, und auch ohne Wasser gibt es auf der Erde kein Leben. Doch beide Ressourcen haben durch die Lebensweise der Menschen gelitten. Emissionen von Fabriken, Autos oder der Massentierhaltung gelangen in die Luft. Abfälle, Chemikalien und Mikroplastik ins Wasser. Vor allem Ersteres ist daran schuld, dass sich die Erde erwärmt. Belastete Luft und verunreinigtes Wasser können jedoch weitere negative Folgen auf Menschen, Tiere und Pflanzen haben. Deshalb gibt es eine Reihe von Jobs, die darauf abzielen, dass Luft und Wasser in guter Qualität für alle verfügbar sind.

Job-Spot:

Eine **Fachkraft für Wasserversorgungstechnik** plant und montiert Wasserleitungen und Hydranten. Sie nimmt zudem Wasserproben und analysiert diese. Auch für die Wartung von Pumpen und elektrischen Anlagen ist sie zuständig. Nicht zuletzt ist sie zur Stelle, wenn es Probleme gibt, Rohrbrüche etwa oder Störungen im Leitungsnetz. (Ausbildungsberuf)

Wasserversorgung

Für die meisten von uns ist es selbstverständlich, dass immer sauberes Wasser aus dem Hahn kommt. Tatsächlich steckt hinter einem funktionierenden Wasserversorgungssystem aber eine ganze Menge Arbeit. Wasserverschmutzung und Trockenheit gefährden die Wasserversorgung. Damit alle Menschen frisches Wasser haben, müssen Leitungen und Wasserkanäle gebaut und instand gehalten werden. Außerdem muss die Wasserqualität ständig kontrolliert werden, damit keine Keime oder Ähnliches ins Trinkwasser gelangen. Und nicht zuletzt müssen Wege gefunden werden, weniger Wasser zu verschwenden und möglichst viel wiederzuverwenden. Denn unsere Wasserversorgung ist ein Kreislauf.

Ebenso unterschiedlich wie diese Aufgaben sind die Berufsfelder, die mit Wasser zu tun haben. Es gibt die Leute, die Wasserversorgungsnetze planen, und diejenigen, die sie bauen und instand halten. Dann gibt es diejenigen, die die Qualität des Wassers überprüfen. Außerdem solche, die neue Techniken und Geräte entwickeln, um z. B. verschmutztes Wasser wieder zu säubern.

Schutz der Meere

Meere sind der Ursprung unseres Trinkwassers. Sie spielen außerdem eine wichtige Rolle für das Klima, unter anderem, weil sie große Mengen CO_2 aufnehmen. Darüber hinaus sind sie der Lebensraum unzähliger Tierarten. Doch die Meere sind in Gefahr: Wegen des Klimawandels, der Verschmutzung und der Überfischung können sie ihre wichtigen Aufgaben wahrscheinlich bald nicht mehr erfüllen. Der Schutz der Weltmeere ist deshalb eine wichtige Aufgabe, an der schon jetzt viele Menschen mitarbeiten.

Forscher*innen finden möglichst viel über das Meer und seine Bewohner heraus. So können sie kritische Veränderungen frühzeitig erkennen, und möglicherweise Wege finden, sie zu stoppen. Zum Meeresschutz gehören auch Strategien, die Ozeane zu säubern, und außerdem dafür zu sorgen, dass dort gar nicht erst so viel Müll hineingelangt. Ein weiteres Thema ist der Fischfang: Weil zu viel und mit zu rabiaten Methoden gefischt wird, ist das Gleichgewicht in den Meeren bedroht. Um dem entgegenzuwirken und trotzdem sicherzustellen, dass Menschen weiterhin Fisch essen können, werden nachhaltige Fischerei-Konzepte entwickelt.

Luftqualität

Unsere Luft ist vielen Emissionen ausgesetzt, sei es von Verkehr, Landwirtschaft oder Fabriken. Das sorgt zum einen dafür, dass die Temperaturen steigen. Zum anderen gefährdet es die Ökosysteme und auch unsere eigene Gesundheit. Feinstaub, der z. B. durch Autos oder Heizungen entsteht, kann beim Menschen Asthma, Bluthochdruck oder Diabetes auslösen.

Gerade in Städten ist die Luftverschmutzung an manchen Orten sogar so stark, dass man sie mit bloßem Auge erkennen kann. Um das zu überwachen, gibt es bei den Behörden Stellen, die die Luftqualität regelmäßig kontrollieren und Gegenmaßnahmen ergreifen, wenn die Feinstaubwerte gewisse Grenzwerte überschreiten. Auch Meteorolog*innen haben die Luft im Blick. Sie erstellen nicht nur Wettervorhersagen, sondern beschäftigen sich mit vielen weiteren Kennzahlen zur Luftqualität.

Noch wichtiger wird es mit Blick auf die Zukunft sein, Wege zu finden, damit erst gar nicht so viele Emissionen in die Luft gelangen. Hiervon sind nahezu alle Branchen betroffen. Denn momentan gelangen bei fast allem, was der Mensch tut, CO_2 oder andere schädliche Substanzen in die Umgebung.

Job-Spot:

Umweltschutztechnische Assistent*innen entnehmen Proben von Wasser, Erde und Luft bzw. führen Messungen durch. Diese werten sie im Labor aus und stellen so z. B. fest, wie viel Feinstaub in der Luft ist oder wie viele Schadstoffe im Boden sind. (Ausbildungsberuf)

Arbeitsstellen:

> Baufirmen
> Behörden
> Forschungseinrichtungen
> Umweltämter
> Wasserwerke in Städten und Gemeinden

Jobs:

> Beamt*in, z. B. in der Umweltverwaltung oder beim Wetterdienst
> Brunnenbauer*in (Ausbildungsberuf)
> Chemielaborant*in (Ausbildungsberuf)
> Fachkraft für Abwassertechnik (Ausbildungsberuf)
> Fachkraft für Wasser- und Tiefbau (Ausbildungsberuf)
> Gewässerökolog*in
> Hydrolog*in
> Ingenieur*in für Landschaftsökologie und Naturschutz oder für Wasser- und Bodenmanagement
> Mikrobiolog*in
> Werkstoffprüfer*in (Ausbildungsberuf)

Studiengänge:

> Biologie
> Gewässerökologie
> Klimatologie
> Meteorologie
> Mikrobiologie
> Toxikologie
> Umweltwissenschaften

Nachhaltigkeitsziele:

 6. Sauberes Wasser und Sanitäreinrichtungen

 9. Industrie, Innovation und Infrastruktur

 13. Klimaschutz weltweit umsetzen

 14. Leben unter Wasser

»Ich erforsche das Zusammenleben von Lebewesen auf dem Meeresboden und trage so dazu bei, die Unterwasserwelt besser zu verstehen.«

Wie ich zu meinem Job gekommen bin: »Ich komme aus Thüringen, mit Meer ist da nichts. Aber die Umwelt war mir schon immer wichtig. Nach dem Abi habe ich ein freiwilliges ökologisches Jahr bei der Schutzstation Wattenmeer gemacht, dort Tourist*innen betreut und Vögel gezählt. Das hat mir gut gefallen, sodass ich erst Biologie und dann Meeresbiologie studiert habe. Jetzt mache ich meinen Doktor an einem Forschungsinstitut für Marine Mikrobiologie.«

So sieht mein Job aus: »Als Forscherin sammle ich Proben, untersuche diese im Labor und werte meine Ergebnisse aus. Ich forsche im Bereich Symbiose, also dem Zusammenleben von zwei Arten zum gegenseitigen Nutzen. Konkret untersuche ich einen Wurm, der im Meer lebt und der keinen Verdauungstrakt hat. Stattdessen läuft der Stoffwechsel des Wurms über einen Mantel von Bakterien, die sich um ihn herum angesiedelt haben.
Der schönste Teil meiner Arbeit sind die Exkursionen. Ich durfte schon auf Elba und auf Mallorca arbeiten, wo andere Leute ihren Urlaub verbringen. Im Küstenbereich habe ich Würmer gesammelt für meine Untersuchungen. Im Labor extrahiere ich dann die DNA der Würmer und der Bakterien. Die restliche Arbeit findet am Computer statt: Mit speziellen Programmen werte ich die DNA-Sequenzen aus. Am Ende hoffe ich herauszufinden, wie der Stoffwechsel der Bakterien funktioniert, wie diese an Kohlenstoff kommen und ihn umwandeln.«

Warum sich mein Job sinnhaft anfühlt: »Je mehr wir über die Natur wissen, desto besser. Zum einen, weil wir sie so besser schützen können, zum anderen, weil man von der Natur vieles lernen kann.«

Der Job könnte dir gefallen, wenn … »du neugierig bist und einen Willen hast, Dingen auf den Grund zu gehen.«

Du solltest aber wissen, dass … »es manchmal sehr frustrierend sein kann, zu forschen. Man möchte etwas Neues entwickeln oder entdecken, aber dazu muss man erst sehr viel ausprobieren und wird auch oft scheitern.«

Was du mitbringen solltest: Mut und Abenteuerlust, auch mal eine längere Forschungsfahrt auf einem Schiff mitzumachen; naturwissenschaftliches Grundverständnis

Welcher Persönlichkeitstyp sich hier wohlfühlt: Der Nerd

Wege in den Job: Studium Biologie, danach in der Regel Promotion

Verwandte Schulfächer: Biologie; Chemie; Physik; Englisch (um die Forschungsliteratur zu verstehen)

Verwandte Berufe: Klimatolog*in; Meteorolog*in; Gewässerökolog*in; Mikrobiolog*in

Kontakt zu Menschen:

Gehaltsaussichten:

IT-BERUFE

In unserer heutigen Welt läuft immer mehr digital ab. Man spricht deshalb auch von der »Digitalisierung«. Vom Klassenzimmer bis zur Arztpraxis kommen überall neue Technologien zum Einsatz, die alles einfacher und schneller machen sollen. Zumindest theoretisch.

Dass es mit der Digitalisierung in Deutschland an manchen Stellen noch hakt, hängt auch damit zusammen, dass es nicht genug Leute gibt, die sich mit IT auskennen. Es sind viele Stellen für IT-Fachleute ausgeschrieben, die aber einfach nicht besetzt werden können. Für Menschen mit IT-Kenntnissen ist die Situation auf dem Arbeitsmarkt deshalb ziemlich gut. Viele von ihnen können sich quasi aussuchen, wo sie arbeiten möchten, denn sie werden in allen Branchen gebraucht, und es gibt viele freie Stellen. Weil sie so begehrt sind, bekommen sie außerdem in der Regel ziemlich gute Gehälter.

Ein weiterer Vorteil: Für IT-Fachleute gibt es viele Möglichkeiten, ihre Fähigkeiten für die gute Sache einzusetzen. In beinahe jedem Unternehmen und jeder Non-Profit-Organisation gibt es Mitarbeitende, die für die IT zuständig sind. Das geht damit los, dass die Arbeitscomputer eingerichtet und Websites gestaltet werden müssen. Man kann aber auch mit IT-Kenntnissen konkrete Lösungen für ökologische oder soziale Probleme finden – indem man z. B. eine hilfreiche App programmiert, Umweltsimulationen erstellt oder sensible Daten schützt. Doch was für Berufsbilder gibt es genau in der IT?

Vier Beispiele:

Administrator*in

Vielleicht kennst du die Abkürzung »Admin« aus Internetforen. Dort bezeichnet sie jemanden, der etwas überwacht – und so ist es auch beim Admin in der IT. Administrator*innen sind für ein Rechenzentrum mit mehreren Servern zuständig. Sie sorgen z. B. dafür, dass in einem lokalen Netzwerk alles glattläuft. Sie können sich auch um die technische Infrastruktur einer Website kümmern. Zentral ist, dass sie für ein großes System zuständig sind und sicherstellen, dass es keine Störungen gibt.

Anwendungsentwickler*in

Auf deinem Smartphone benutzt du bestimmt
täglich Apps. Und wer entwickelt die? Genau, Anwendungsentwickler*innen. Damit eine Anwendung oder Software auch gut
funktioniert, müssen sie unterschiedliche Faktoren miteinbeziehen,
von den technischen Voraussetzungen bis hin zu Sicherheits- oder
Design-Fragen.

IT-Berater*in

Als IT-Berater*in ist man in der Regel nicht fest in einem Projekt, sondern berät immer wieder unterschiedliche Kund*innen. Denen hilft
man, ihre IT-Abläufe zu verbessern und zu erneuern.

Security-Expert*in

Gerade wenn immer mehr digital abläuft, müssen IT-Systeme besser
geschützt werden. Werden sie das nicht, könnten Hacker*innen großen Schaden anrichten, etwa Bankkonten leeren oder unser Strom-
netz lahmlegen. Solche Angriffe zu verhindern, ist die Aufgabe von
IT-Security-Expert*innen. Die testen z.B. selbst im Voraus, wo ein
System Lücken hat, damit man diese dann beseitigen kann.

Wege in die IT:

Viele IT-Fachleute haben Informatik studiert. Es gibt auch speziali-
sierte Studiengänge wie Wirtschafts- oder Umweltinformatik – da
ist der ökologische Bezug gleich mit drin. Ebenso kann man eine
Ausbildung machen, als Fachinformatiker*in mit unterschiedlichen
Schwerpunkten. Wer sich für Computer interessiert, kann sich viele
Kenntnisse auch selbst beibringen oder Kurse besuchen. In Online-
Akademien und Intensivlehrgängen lernt man z.B. in relativ kurzer
Zeit Programmieren. So eine zusätzliche Qualifikation kann auf dem
Arbeitsmarkt viel wert sein.

ABFALL REDUZIEREN

Vielleicht hast du dich schon mal gefragt, warum eine Gurke in Plastik eingewickelt ist, obwohl sie eigentlich bereits eine Verpackung hat – nämlich ihre Schale. Und vielleicht kennst du die Bilder von Schildkröten, die in Getränkeverpackungen festhängen. Beides ist Teil des gleichen Problems: Müll. In vielen Bereichen der Industrie wird sehr viel Abfall produziert, auch Privathaushalte erzeugen jede Menge Müll. Dieser Müll wiederum gelangt teilweise in die Natur und richtet dort großen Schaden an. Außerdem entstehen Emissionen, wenn Müll verrottet.

In diesem Bereich gibt es deshalb zwei zentrale Fragen: Was machen wir mit dem bestehenden Müll – und was kann man tun, um gar nicht erst so viel davon zu produzieren?

Recycling

Eines der Ziele ist dabei, möglichst viel wiederzuverwerten. Denn was recycelt wird, wird nicht zu Müll. Daran arbeiten Entsorgungsbetriebe mit, die Müll sammeln, trennen und dafür sorgen, dass Materialien wieder einen Zweck bekommen. Durch kluges Recycling kann man verhindern, dass Rohstoffe verloren gehen. Z. B. sind in alten Smartphones noch viele Materialien vorhanden, die man erneut einsetzen kann. Immer wieder finden Unternehmen auch Wege, aus dem allgegenwärtigen Plastikmüll ganz neue Dinge herzustellen, etwa Taschen oder Badeanzüge. In diesem Bereich gibt es Platz für kreative Ideen.

Entsorgung

Leider lässt sich aber noch nicht alles wiederverwerten. Deshalb ist der zweite Punkt, die Abfallentsorgung, ebenso wichtig. Auch in diesem Bereich braucht es Fachkräfte, die Abfall möglichst umweltschonend entsorgen. Denn neben Plastik gibt es noch viele andere Dinge, die nicht in die Umwelt gelangen sollten: z. B. Chemikalien, Medikamente, Batterien oder alte Elektronikgeräte.

Müllvermeidung

Schließlich müssen langfristig Lösungen gefunden werden, um weniger Müll zu produzieren. Dabei kann man an verschiedenen Punkten ansetzen. So entsteht derzeit viel Abfall beim Verschicken von Waren. Gleichzeitig sind die Waren häufig noch einmal in Verpackungen, die letztlich auch nur Müll sind. Irgendwann sind sogar viele Waren selbst Müll, weil sie nicht mehr genutzt werden. Die Abschaffung solcher Einwegwaren, insbesondere aus Plastik, ist ein wichtiger Schritt im Kampf gegen die Vermüllung des Planeten.

Arbeitsstellen:

> Behörden
> Forschungseinrichtungen
> Unternehmen

Jobs:

> Abfallberater*in für Unternehmen
> Entsorgungstechniker*in
> Fachkraft für Abwassertechnik (Ausbildungsberuf)
> Handwerker*in
> Ingenieur*in
> Produktdesigner*in

Studiengänge:

> BWL, VWL, Business Administration
> Ingenieurwissenschaften mit Spezialisierung auf Abfall- und Versorgungstechnik
> Kunststofftechnik
> Materialwissenschaften
> Produktionstechnik
> Umwelttechnik

Nachhaltigkeitsziele:

 9. Industrie, Innovation und Infrastruktur

 13. Klimaschutz weltweit umsetzen

 14. Leben unter Wasser

 15. Leben an Land

»Ich erfinde neue Wege, wie man Einwegplastik vermeiden kann, und sorge dafür, dass diese Ideen von neuen Unternehmen in die Tat umgesetzt werden.«

Wie ich zu meinem Job gekommen bin: »Ich habe eine Ausbildung als Mediengestalterin und Grafikdesignerin bei einem großen Unternehmen gemacht, aber schnell gemerkt, dass mir der kreative Freiraum fehlt. Deshalb habe ich noch ein Studium in Umweltwissenschaften und Integrated Design drangehängt. Dort geht es darum, Design als kreatives Problemlösen zu betrachten. Und das ist es eigentlich auch, was ich nun in meinem Job mache: Kreative Ideen entwickeln, um das Problem des Verpackungsmülls zu bekämpfen.«

So sieht mein Job aus: »Gemeinsam im Team nehmen wir uns ein Problem vor, das wir lösen wollen. Dafür entwickeln und testen wir Ideen und gründen schließlich ein Unternehmen, das unsere Lösung umsetzt. Konkret kann das so aussehen: In Indonesien werden viele Dinge in Einwegportionen verkauft, also eine einzeln in Plastik verpackte Portion Shampoo. Nach Gebrauch landen diese Verpackungen meist in der Umwelt und richten Schaden an. Also sind wir zunächst durch die indonesische Hauptstadt Jakarta gelaufen und haben Menschen interviewt, sie bei sich zu Hause beobachtet und versucht zu verstehen: Warum benutzen Menschen diese Einwegprodukte? Und an welcher Stelle könnte man etwas anders machen? Auf Grundlage dieser Beobachtungen haben wir ein Pfandsystem entwickelt, bei dem Menschen Geld wiederbekommen, wenn sie eine Verpackung zurückbringen. Dieses System haben wir getestet und verbessert, bis wir ein Geschäftsmodell hatten. Sobald das Unternehmen gegründet ist, führen es andere Leute weiter. Und ich wende mich dem nächsten Problem zu, das ich lösen möchte.«

Warum sich mein Job sinnhaft anfühlt: »Weil wir konkrete Lösungen für Alltagsprobleme finden und diese direkt umsetzen.«

Der Job könnte dir gefallen, wenn … »du auf kreative Ideen kommst, wenn du vor einem Problem stehst, und vielleicht sogar selbst schon mal etwas erfunden hast.«

Du solltest aber wissen, dass … »es auch hier Regeln gibt, an die man sich halten muss, Gesetze, die man befolgen muss. Manchmal gehören auch trockene Dinge wie Verträge zu meinem Job.«

Was du mitbringen solltest: Offenheit für Neues; Lust am Ausprobieren; Empathie, um zu verstehen, was Menschen wirklich benötigen

Welcher Persönlichkeitstyp sich hier wohlfühlt: Der kreative Kopf

Wege in den Job: »Ein Team besteht immer aus ganz unterschiedlichen Leuten«, sagt Anne. »Zum einen gibt es klassische BWLer*innen, die sich vor allem mit der Unternehmensseite auskennen. Dann gibt es Leute wie mich, die sich vor allem mit Design auskennen. Wir haben aber auch Umweltwissenschaftler*innen, die dann eher die ökologische Seite im Blick haben.«

Verwandte Schulfächer: Englisch; Werken; Kunst

Verwandte Berufe: Produktdesigner*in; Betriebswirt*in

Kontakt zu Menschen:

Gehaltsaussichten:

WIRTSCHAFT NEU DENKEN

Bevor die Menschen begannen, automatisiert Produkte herzustellen, war ihr Umgang mit natürlichen Ressourcen noch eingeschränkt. Denn einen Tisch gänzlich per Hand zu bauen oder einen Stoff zu weben nahm viel Zeit in Anspruch. Doch dann kam die Industrialisierung mit ihren Maschinen und läutete den Beginn der Massenproduktion ein.

Seitdem handeln die meisten Unternehmen nach dem Motto: wachsen, wachsen, wachsen. Welche Folgen das für die Umwelt hat und wie es den Menschen geht, die diese Waren herstellen, war lange Zeit zweitrangig. Denn das oberste Ziel war der Profit.

Natürlich haben sich die Bedingungen in den vergangenen 250 Jahren verändert, vor allem die Rechte der Arbeitnehmer*innen. Kinderarbeit, die in der Anfangszeit der Industrialisierung noch ganz normal war, ist beispielsweise inzwischen verboten. Trotzdem richtet das Streben von Unternehmen nach Profit noch immer großen Schaden an. Eine nachhaltige Zukunft erfordert deshalb grundsätzliche Veränderungen in unserem Wirtschaftssystem.

Unternehmen, die Verantwortung übernehmen

Die schlechte Nachricht zuerst: Ein Unternehmen, das auf Profit ausgerichtet, und dabei zu 100 Prozent nachhaltig ist, gibt es bisher nicht. Doch die gute Nachricht ist, dass in immer mehr Unternehmen ein Umdenken stattfindet. Firmen erkennen an, dass sie eine Verantwortung für die Welt tragen. Außerdem wächst der Druck von außen. Über Fehltritte von Unternehmen wird in Medien berichtet. Konsument*innen achten vermehrt darauf, unter welchen Umständen die Produkte produziert werden, die sie kaufen.

Für Unternehmen wird die sogenannte »Corporate Social Responsibility« immer wichtiger, kurz CSR. Dieser Begriff bedeutet, dass Firmen Verantwortung übernehmen und anerkennen, dass ihr Handeln Folgen für die Umwelt und die Gesellschaft hat. Er bedeutet auch, dass sie sich verpflichten, ihre schädlichen Folgen zu reduzieren oder auf irgendeine Weise auszugleichen. Damit eröffnen sich auch neue Jobs in der Wirtschaft: In vielen Unternehmen werden Mitarbeitende eingestellt, die sich um Nachhaltigkeit kümmern sollen. So gibt es in immer mehr

Firmen Energiemanager*innen, die sich um den Energieverbrauch des Unternehmens kümmern und versuchen, diesen zu reduzieren – sei es bei der Produktion von Waren, in den Büros oder indem Mitarbeitende Fahrräder für den Weg zur Arbeit zur Verfügung gestellt bekommen. Auch soziale Themen gehören zu CSR. Denn nachhaltig arbeitende Unternehmen sollten die Rechte aller beteiligten Menschen achten.

Inzwischen stellen viele Unternehmen Bemühungen an, bessere Arbeitgeber zu werden. So gibt es immer häufiger Diversity-Abteilungen, die dafür sorgen sollen, dass Frauen, Menschen mit unterschiedlichen Hintergründen, Religionen oder sexueller Orientierung in einem Unternehmen alle die gleichen Chancen haben.

Neue Geschäftsmodelle

Einzelne Unternehmen bemühen sich, ihr Handeln nachhaltiger zu machen. Doch in mancher Hinsicht muss Wirtschaft grundsätzlich neu gedacht werden. Es müssen Geschäftsmodelle entwickelt werden, die nicht auf der Ausbeutung von natürlichen Ressourcen und von Menschen beruhen. Auch, wenn sie sich auf einem anderen Kontinent befinden. Fairer Handel ist hier ein Stichwort, unter dem schon heute wirtschaftliche Abläufe gerechter gestaltet werden. Ein Ansatz ist auch die Umstellung auf »Zero Impact«-Produktion, also die CO_2-neutrale Herstellung von Waren. Dabei versorgen Unternehmen beispielsweise ihre Fabriken mit erneuerbaren Energien und stocken verbrauchte Ressourcen wieder auf – etwa, indem sie Bäume pflanzen, nachdem sie Holz verarbeitet haben.

In eine andere Richtung denkt ein sogenanntes »Social Business«. Hinter diesem Begriff steckt der Gedanke, dass das Ziel eines Unternehmens nicht Profit sein muss, sondern auch die Lösung eines gesellschaftlichen Problems sein kann.

Neue Arbeitsweisen

Lange Zeit sah Arbeit ziemlich gleich aus: Man fuhr morgens ins Büro, in die Fabrik oder auf die Baustelle, arbeitete dort acht Stunden lang, machte mittags eine Pause und fuhr dann abends wieder zurück. Nicht immer ist dieses Modell jedoch die beste Lösung – weil Menschen z.B. lange Pendelstrecken haben oder Schwierigkeiten, ihre Kinder zu betreuen. Durch die Corona-Pandemie hat sich diese festgefahrene Vorstellung schon etwas gelöst. So haben Unternehmen gemerkt, dass nicht immer alle Mitarbeitenden vor Ort sein müssen, und Homeoffice und andere flexiblere Arbeitsmodelle möglich gemacht. Doch auch in diesem Bereich kann man noch vieles besser machen – gerade bei den Themen Familienfreundlichkeit und Nachhaltigkeit. Wenn z. B. Pendelstrecken wegfallen, entlastet das nicht nur die Arbeitenden, sondern auch die Umwelt. Hier können etwa Unternehmensberater*innen, Betriebswirt*innen oder IT-Fachleute daran mitarbeiten, unsere Arbeitswelt flexibler und nachhaltiger zu machen.

Job-Spot:

Das UX in der Berufsbezeichnung **UX-Designer*in** steht für »User Experience«, also »Nutzer*innen-Erfahrung«. Vor allem in der Technik-Branche sind UX-Designer*innen gefragt. Sie gestalten bei einer App den Teil, mit dem Nutzer*innen interagieren, und sorgen dafür, dass Technik einfach zu bedienen und schön anzusehen ist.

Nachhaltige Finanzierung

Im Jahr 2008 haben wir erlebt, was passiert, wenn Banken ohne Gewissen handeln. Damals gab es eine weltweite Finanzkrise, die viele Länder in große Schwierigkeiten stürzte. Auslöser waren riskante Geschäfte, die Investment-Banker*innen auf der Jagd nach immer größeren Gewinnen abgeschlossen hatten. Wenn man solche Geschichten hört, möchte man am liebsten sein Geld unter der Matratze verstecken. Doch leider ist das nicht die Lösung. Wir sind auf Banken und ihre Geschäfte angewiesen. Denn in eine nachhaltige Entwicklung muss investiert werden. Unternehmen brauchen Vorschüsse, um neue Technologien zu entwickeln, und genauso brauchen soziale Projekte Geld, um unsere Gesellschaft gerechter zu machen oder unsere Umwelt zu schützen. Inzwischen gibt es jedoch Geldinstitute, die verantwortungsvoll handeln. Sie achten darauf, dass sie nicht in klimaschädliche Industrien investieren, und beteiligen sich nicht an riskanten Spekulationen, die am Ende auf Kosten ihrer Kund*innen gehen könnten. Aus diesem Grund lassen sich viele der klassischen Jobs im Bankenwesen in »grün« denken – z. B. Bankkaufleute, Fondsmanager*innen oder Steuerfachangestellte. Auch IT-Spezialist*innen werden in diesem Bereich dringend gesucht.

Arbeitsstellen:

> Agenturen, die Firmen zu Nachhaltigkeit und CSR beraten
> Banken
> Investmentgesellschaften
> Unternehmen aller Art – ob als Angestellte*r oder Gründer*in
> Versicherungen

Jobs:

> Bankkaufmann*frau (Ausbildungsberuf)
> CSR-Berater*in
> Energiemanger*in
> Fachinformatiker*in (Ausbildungsberuf)
> Fachkraft Lagerlogistik (Ausbildungsberuf)
> Feelgood Manager*in
> Industriekaufmann*frau (Ausbildungsberuf)
> IT-Spezialist*in
> Kaufmann*frau für Büromanagement,
  Einzelhandel oder E-Commerce (Ausbildungsberuf)
> Marketing Manager*in
> Umweltökonom*in

Studiengänge:

> BWL, VWL,
  Business Administration
> Marketing
> Medieninformatik
> Risikomanagement
> Wirtschaftsinformatik
> Wirtschaftswissenschaften

Nachhaltigkeitsziele:

 8. Menschenwürdige Arbeit und Wirtschaftswachstum

 9. Industrie, Innovation und Infrastruktur

 12. Nachhaltig produzieren und konsumieren

 13. Klimaschutz weltweit umsetzen

»Ich programmiere die Website einer grünen Bank und trage damit zu einem nachhaltigeren Bankenwesen bei.«

Wie ich zu meinem Job gekommen bin: »Meine etwas holprige Schullaufbahn habe ich mit dem Fachabitur abgeschlossen. Danach habe ich an einer Fachhochschule Medieninformatik studiert und irgendwann das Bloggen für mich entdeckt. Mir hat es großen Spaß gemacht, eigene Websites zu designen – und daraus wurde dann mein Beruf.«

So sieht mein Job aus: »Ich bin bei einer nachhaltigen Bank angestellt, dort kümmere ich mich um unsere Webseite. Hauptsächlich code ich, z. B., wenn wir eine neue Funktion auf der Seite brauchen. Mit anderen aus meinem Team bespreche ich zunächst, was gebraucht wird und wie das aussehen soll. Dann übersetze ich es in Code und sorge dafür, dass es auf der Website erscheint. Ein Teil meiner Arbeit ist es auch, technisch auf dem neuesten Stand zu bleiben. Ich benutze unterschiedliche Programmiersprachen. Weil sich die ständig weiterentwickeln, muss ich auch immer wieder Neues lernen.«

Warum sich mein Job sinnhaft anfühlt: »Viele Menschen wissen das gar nicht – aber Banken investieren das Geld, das wir ihnen als Kontoinhaber*innen anvertrauen, in Waffen, Kohle oder andere schädliche Industriezweige. Ich arbeite daran mit, hierzu eine Alternative zu schaffen.«

Der Job könnte dir gefallen, wenn … »du kein Problem damit hast, lange vor dem Rechner zu sitzen.«

Du solltest aber wissen, dass ... »Programmierer*innen entgegen allen Vorurteilen fast immer in Teams mit anderen zusammenarbeiten. Man braucht also nicht zu denken, dass man sich die ganze Zeit hinter seinem Rechner verstecken kann.«

Was du mitbringen solltest: Gute Selbstorganisation; Logisches Denken; Lust zu lernen

Welcher Persönlichkeitstyp sich hier wohlfühlt: Der Nerd

Wege in den Job: Studium Informatik oder Medieninformatik; Ausbildung als Fachinformatiker*in; Akademien und Programme, die Programmierer*innen ausbilden

Verwandte Schulfächer: Mathe

Verwandte Berufe: Anwendungsentwickler*in; UX-Designer*in; DevOps-Engineer; App-Entwickler*in

Kontakt zu Menschen:
☺ ☺ ☺ ☺

Gehaltsaussichten:
€ € € €

KAUFLEUTE

Wer sich mit Ausbildungsberufen beschäftigt, stößt immer wieder auf das Wort »Kaufmann« bzw. »Kauffrau«. Etliche Ausbildungen in Deutschland tragen es im Namen, Kaufmänner und -frauen werden in praktisch jeder Branche gesucht. Der jeweilige Zusatz wie »Bürokauffrau« oder »Industriekaufmann« kann dabei einen großen Unterschied machen. Gemeinsam haben die kaufmännischen Berufe, dass man viel organisieren muss. In der Regel arbeitet man in einem Büro und dort viel am Computer. Davon abgesehen kann ein Kaufmann oder eine Kauffrau ganz unterschiedliche Dinge tun.

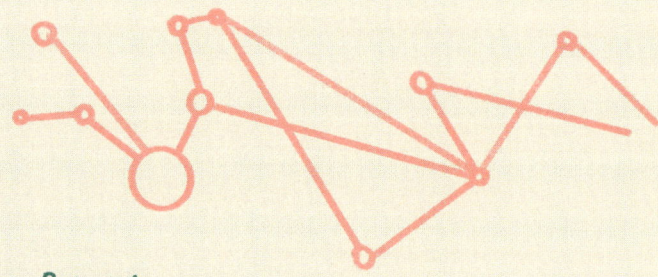

Ein paar Beispiele:

Einzelhandelskaufmann*frau

Zum Einzelhandel gehören im Grunde alle Geschäfte, in denen normale Kund*innen ihre Einkäufe erledigen, wie Supermärkte oder Modeläden. Hier arbeitet man als Kaufmann oder Kauffrau zum einen im Verkauf, berät also Kund*innen, steht hinter der Kasse oder füllt Regale auf. Zum anderen ist man damit beschäftigt, neue Waren zu bestellen, Rechnungen zu bezahlen und Ähnliches.

Kaufmann*frau für Büromanagement

In diesem Job gibt es besonders viele Einsatzbereiche, denn Büros gibt es schließlich in so gut wie jedem Betrieb. Kaufleute müssen hier vor allem managen – heißt, sie sorgen dafür, dass im Alltag alles glattgeht. Dazu gehören Aufgaben wie Anfragen zu beantworten, Termine zu koordinieren, Rechnungen zu überwachen oder Events zu planen.

Kaufmann*frau für Spedition und Logistikdienstleistung

Von der Kartoffel bis zum Klavier: Jeden Tag werden Waren von A nach B transportiert. Auch hier sind Kaufmänner und -frauen beteiligt. Sie planen, was wann verschickt wird, organisieren Transporte und sorgen dafür, dass alles korrekt dokumentiert wird.

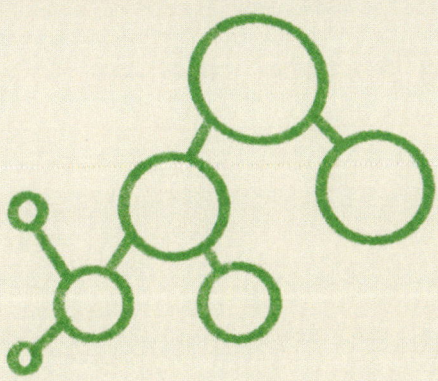

Die Einsatzgebiete für Kaufleute sind also vielfältig. Deshalb lassen sich die meisten dieser Berufsbilder ebenso in »grün« denken: Auch nachhaltig produzierte Waren müssen verkauft oder verschickt werden. Kaufleute können dabei helfen, dass das auf verantwortungsvolle Weise geschieht. In der Verwaltung, in Non-Profit-Organisationen und in grünen oder sozialen Unternehmen gibt es ebenfalls Büroaufgaben, die erledigt werden müssen – auch hier können sich Kaufleute einbringen.

KONSUM ÄNDERN

Die massenhafte Produktion von Waren ist einer der Hauptverursacher des Klimawandels.[17] Das kann man den Unternehmen vorwerfen, doch leider tragen auch die Konsument*innen dazu bei, also letztlich wir alle. Wir sind es gewohnt, einfach in ein Geschäft zu gehen und zu kaufen, was wir brauchen. Wenn etwas kaputtgeht oder nicht mehr unserem Geschmack entspricht, dann kaufen wir es eben neu. Und weil Unternehmen daran gut verdienen, tun sie alles dafür, dass wir das immer wieder tun.

Doch jedes Produkt, das neu hergestellt wird, verbraucht Ressourcen, die wir vielleicht niemals wiederbekommen. Deshalb ist es dringend notwendig, dass wir Konsum neu denken. Damit das gelingt, müssen sowohl Unternehmen als auch Konsument*innen ihr Verhalten ändern. Einige Ansätze dafür gibt es schon jetzt.

Sharing Economy

Hinter diesem Begriff steckt eigentlich etwas ganz Einfaches: das Teilen. Bei vielen Dingen ist es nämlich überhaupt nicht notwendig, dass alle ein eigenes Exemplar besitzen. Manche Gegenstände benutzt man nur gelegentlich, vielleicht einmal im Monat oder einmal im Jahr. Wenn man diese mit anderen teilt, müssen nicht so viele davon hergestellt werden. Ein Beispiel: die Bohrmaschine. In der Regel braucht man die vor allem, wenn man neu in eine Wohnung einzieht. Und noch, wenn man ein Regal oder ein Bild aufhängen möchte. Insgesamt macht das vielleicht 5 Nutzungstage im Jahr – und die restlichen 360 liegt das Gerät ungenutzt herum. In einigen Städten gibt es deshalb Verleih-Services für Werkzeug.

Sehr verbreitet ist inzwischen das Carsharing. Dabei mietet man sich für einen kurzen Zeitraum ein Auto, stellt es dann wieder ab und jemand anderes benutzt es. Dieses Prinzip ließe sich auf viele andere Gegenstände anwenden. Dafür braucht es z. B. Firmengründer*innen mit neuen Sharing-Ideen, Kundenbetreuer*innen, IT-Spezialist*innen und Marketing-Leute, die die neuen Services bekannt machen.

Job-Spot:

Produkte, die länger halten

Eigentlich ist es ein Merkmal von Qualität, wenn Gegenstände lange halten. Doch wenn die Industrie vor allem möglichst viel verkaufen will, ist Qualität aus Sicht der Unternehmen eher ein Nachteil. Denn wenn sich eine Kundin ein Produkt nur ein einziges Mal kauft und dieses dann ein Leben lang nutzt, verdient der Hersteller schließlich nur ein einziges Mal Geld. Stattdessen möchten Unternehmen möglichst oft Geld einnehmen. Manche Produkte sind deshalb sogar schon absichtlich so gebaut, dass sie nur ein paar Jahre halten und eine Reparatur sich nicht lohnt. In Zukunft müssen allerdings Produkte so entwickelt werden, dass sie möglichst lange halten und leicht zu reparieren sind. Neue Materialien und Herstellungsweisen sind hier ebenso gefragt wie Leute, die sich auf Reparaturen spezialisieren – damit Wegwerfen sich nicht mehr lohnt als eine Reparatur.

Ebenso, wie Modedesigner*innen Kleidungsstücke entwerfen, gestalten **Industrie- und Produktdesigner*innen** andere Gegenstände. Dabei geht es nicht nur darum, dass etwas hübsch aussieht, sondern auch darum, dass es seine Funktion erfüllt – im besten Fall für sehr lange Zeit. (Studium)

Produkte weitergeben

Egal, wie gut ein Produkt ist: Irgendwann hat man trotzdem für manche Dinge keine Verwendung mehr. Das heißt aber noch lange nicht, dass diese auf den Müll wandern müssen. Denn vielleicht braucht ja jemand anderes genau diesen Gegenstand – und es müssen keine neuen Ressourcen verwendet werden, um ihn herzustellen. Nachhaltiger Konsum bedeutet deshalb auch, gebrauchte Produkte wieder in den Umlauf zu bringen, wie es etwa in Secondhandläden mit Kleidung oder in Antiquariaten mit Büchern gemacht wird. Auch hier kann man mitarbeiten, sei es in Geschäften oder bei Online-Plattformen, die den Austausch einfacher gestalten.

Arbeitsstellen:

> Antiquariate, Secondhandläden, Flohmärkte
> Entwicklungsabteilungen in Unternehmen
> Forschungsinstitute
> Reparaturservices
> Sharing-Economy-Unternehmen

Jobs:

> Analyst*in
> Betriebswirt*in
> Bürokaufmann*frau
>   (Ausbildungsberuf)
> Data Engineer
> Ingenieur*in
> Marketing Manager*in
> Produktdesigner*in
> Social Media Manager*in
> Verkäufer*in (Ausbildungsberuf)
> Wirtschaftsinformatiker*in

Studiengänge:

> BWL
> Data Science
> Informatik
> Marketing
> Materialwissenschaften
> Mathematik
> Qualitätstechnik
> Statistik
> Wirtschaftsinformatik
> Wirtschaftsingenieurswesen

Nachhaltigkeitsziele:

 9. Industrie, Innovation und Infrastruktur

 12. Nachhaltig produzieren und konsumieren

 13. Klimaschutz weltweit umsetzen

»Mithilfe von Daten mache ich verständlich, welche Auswirkungen die Modeindustrie auf Umwelt und Gesellschaft hat.«

Wie ich zu meinem Job gekommen bin: »Ich habe einen Master in Informatik und einen in Mikroelektronik. Außerdem habe ich Erfahrungen mit Numerik, Datenanalysen und Datenqualitätsmanagement. Mein Wunsch war es, in einem Start-up zu arbeiten, weil ich etwas ganz Neues aufbauen wollte. Mir war es außerdem wichtig, dass der Job mit Nachhaltigkeit zu tun hat. Nun arbeite ich bei einem Unternehmen, das Kleidung verleiht, statt sie zu verkaufen.«

So sieht mein Job aus: »Ein großer Teil meines Jobs ist Recherche. Ich finde heraus, wie viel CO_2 ein Kleidungsstück verursacht, von der Herstellung der Materialien bis zur Wiederverwertung. Wie viel Wasser wird verbraucht, wie viel Energie? Wie viel Müll fällt dabei an? Dazu verwende ich möglichst viele wissenschaftliche Quellen, lese mich in die Fachgebiete ein und sammle Informationen. Meine Aufgabe ist es dann, diese Daten so verständlich wie möglich zu machen. Deshalb erstelle ich aus meinen Recherche-Ergebnissen Modelle, die auf den ersten Blick deutlich machen, wie nachhaltig ein Kleidungsstück ist. Diese Informationen finden unsere Kund*innen dann auf unserer Website neben jedem einzelnen Teil.«

Warum sich mein Job sinnhaft anfühlt: »Weil ich Kund*innen informiere, welche Auswirkungen ihr Fashion-Konsum hat – und ich so mithelfen kann, die Modeindustrie nachhaltiger zu machen.«

Der Job könnte dir gefallen, wenn … »du komplizierte Dinge einfach erklären kannst, z. B. deinem Opa beibringst, sein Smartphone zu benutzen.«

Du solltest aber wissen, dass ... »es in der Start-up-Branche oft stressig zugeht. Viele Dinge passieren auf einmal, die Teams vergrößern sich ständig, das Unternehmen expandiert. Deshalb muss man flexibel sein.«

Was du mitbringen solltest: Talent für Mathematik; Logisches Denken; Freude daran, dich in der Tiefe in ein Thema einzuarbeiten und viel dazu zu lesen

Welcher Persönlichkeitstyp sich hier wohlfühlt: Der Nerd

Wege in den Job: Studium Informatik; Mathematik; Statistik oder auch spezialisierte Studiengänge wie Data Science

Verwandte Schulfächer: Mathe

Verwandte Berufe: Data Engineer; Analyst*in; Wirtschaftsinformatiker*in

Kontakt zu Menschen:
☺ ☺ ☺ ☺

Gehaltsaussichten:
€ € € €

NACHHALTIGE PRODUKTE HERSTELLEN

Es gibt Dinge im Leben, auf die wir nicht verzichten können. Kleidung etwa, oder Nahrung. Und auch solche, auf die viele Menschen nicht verzichten wollen. Deshalb ist die Frage: Wie kann man diese Dinge zur Verfügung stellen und dabei ihre negativen Auswirkungen minimieren?

Wie bereits ein paar Mal erwähnt, ist es schwer, Produkte industriell herzustellen, ohne dabei Ressourcen zu verbrauchen und die Umwelt zu belasten. Deshalb gibt es bisher kaum eine Branche, die schon wirklich nachhaltig produziert, egal, ob es um Autos, Kleidung, Laptops oder Lebensmittel geht. Allerdings, und das ist die gute Nachricht, bemühen sich schon einige Branchen um Verbesserungen.

Nachhaltige Kleidung

Die Modeindustrie hat viele problematische Seiten. Kleidung wird oft in ärmeren Ländern hergestellt, um Kosten zu sparen. Die Arbeiter*innen dort – häufig Frauen – arbeiten teilweise unter furchtbaren Bedingungen, zu einem sehr geringen Lohn. Bei der Herstellung von Textilien werden giftige Chemikalien verwendet, die ins Wasser gelangen. Außerdem wird die fertige Kleidung um die Welt geschickt, um zu den Kund*innen zu gelangen. Insgesamt ist die Modeindustrie für vier Prozent der globalen Emissionen verantwortlich.[18]

Um diesem Problem entgegenzuwirken, hat sich die Green Fashion Bewegung formiert. Hier geht es darum, Mode zu entwerfen, zu produzieren und zu verkaufen, für die keine Menschen ausgebeutet werden und die Natur nicht übermäßig belastet wird. »Grüne« Mode kennzeichnet sich u. A. dadurch, dass sie aus Bio-Baumwolle besteht, dass keine giftigen Chemikalien zum Färben der Stoffe verwendet werden oder dass die Kleidung dort genäht wird, wo sie verkauft wird – und zwar von Arbeiter*innen, die fair bezahlt werden.

Damit ein Kleidungsstück in Serie, also vielfach immer gleich hergestellt werden kann, braucht es **Textil- und Modeschneider*innen**. Sie setzen die Skizzen von Modedesigner*innen um, stellen Prototypen her und sorgen dafür, dass ein Entwurf schließlich in Produktion gehen kann. Sie sind Expert*innen für Schnittmuster, Materialien und Qualität. (Ausbildungsberuf)

Kosmetik

Duschgel, Shampoo, Gesichtscreme oder Deo: Fast jede*r von uns benutzt täglich Kosmetik-Artikel. Allerdings hat auch die Kosmetik-Industrie ihre Schattenseiten. Eine davon ist Mikroplastik. Darunter versteht man winzige Plastikteilchen, die Kosmetik-Produkten beigemischt werden. Diese Partikel gelangen über Wasser in die Umwelt und gefährden dort Pflanzen und Tiere. Auch die Verpackungen von Kosmetik-Produkten enthalten oft viel Plastik. Deshalb gibt es zahlreiche Bemühungen, Kosmetik Mikroplastik-frei zu machen und alternative Verpackungen zu erfinden. Manche Unternehmen entwickeln Pfandsysteme mit wieder auffüllbaren Behältnissen.

Auch am Beispiel der Kosmetikindustrie zeigt sich also, dass es bei nur einem einzigen Produkt eine ganze Menge Stellschrauben gibt, an denen es nachhaltiger gemacht werden kann und sollte: von der Entwicklung im Labor durch Chemiker*innen oder Laborant*innen, dem Verpackungsdesign bis hin zum Verkauf oder der praktischen Anwendung und Beratung durch Kosmetiker*innen.

Als **Kaufmann*frau für E-Commerce** ist man Spezialist*in für Online-Shops. Man kann sie aufbauen und betreiben, mit allem, was dazugehört: Produkte in den Shop einstellen, die Buchführung erledigen, die Verkäufe analysieren und Kontakt zu den Kunden pflegen. (Ausbildungsberuf)

Arbeitsstellen:

> Forschungsinstitute
> Schadstoffprüfung
> Unternehmen jeder Art

Jobs:

> Chemiker*in
> IT-Spezialist*in
> Lebensmittelchemiker*in
> Marketing Manager*in
> Produktdesigner*in
> Verkäufer*in (Ausbildungsberuf)
> Zimmerer*in (Ausbildungsberuf)

Studiengänge:

> BWL, VWL, Business Administration
> Chemie
> Logistik
> Marketing, Vertrieb
> Materialwissenschaften
> Produktionstechnik
> Qualitätsmanagement
> Textil- und Bekleidungstechnik

Nachhaltigkeitsziele:

9. Industrie, Innovation und Infrastruktur

12. Nachhaltig produzieren und konsumieren

13. Klimaschutz weltweit umsetzen

NACHHALTIG LANDWIRTSCHAFTEN

Früher – also vor wirklich sehr, sehr langer Zeit – verbrachten unsere Vorfahr*innen einen Großteil ihrer Tage damit, Nahrung zu beschaffen. Sie gingen jagen und sammelten essbare Pflanzen. Das konnte Stunden dauern. Heute ist das in den meisten Teilen der Welt anders. Statt selbst auf die Jagd zu gehen, haben wir die Beschaffung von Nahrung in eine große Industrie ausgelagert. Landwirtschaftliche Betriebe sorgen dafür, dass die Masse der Bevölkerung zu essen bekommt und einfach nur in den Supermarkt gehen muss. Doch auch diese Industrie hat ihre negativen Auswirkungen. So ist die Landwirtschaft für rund 8 Prozent der deutschen Treibhausgas-Emissionen verantwortlich.[19] Die Verdauung von Wiederkäuern wie Kühen, Gülle und Mist setzen jede Menge Methan frei, ein Treibhausgas, das sogar noch schädlicher ist als CO_2. Die Landwirtschaft, wie sie jetzt ist, bedroht die Artenvielfalt von Pflanzen und Tieren. Statt eines diversen Lebensraums, in dem unterschiedliche Lebewesen Platz finden, gibt es sogenannte Monokulturen, also Felder, auf denen lediglich eine einzige Pflanzensorte wächst. Chemikalien, die zum Pflanzenschutz verwendet werden, können Insekten bedrohen und ins Grundwasser gelangen.

Global gesehen gibt es weitere Probleme: Manche Obst- und Gemüsesorten wie Bananen oder Avocados wachsen nur in warmen Ländern. Weil aber auch Deutsche oder Norweger sie essen wollen, werden die Früchte durch die ganze Welt verschickt und verursachen so noch mehr Emissionen. Auch hier sind Monokulturen ein Problem. Denn um den globalen Bedarf zu decken, werden in wärmeren Ländern massenweise Pflanzen einer bestimmten Art angebaut und Wälder abgeholzt, um Platz dafür zu schaffen.

In jedem Supermarkt gibt es inzwischen Gemüse, Milch oder Fleisch aus biologischer Landwirtschaft, selbst bei den Discountern. Um das Label »Bio« zu bekommen, müssen die Produkte bestimmte Anforderungen erfüllen. So dürfen keine chemischen Düngemittel beim Anbau verwendet oder nicht zu viele Tiere auf kleinem Raum gehalten werden. Allerdings machen Bio-Produkte derzeit lediglich sechs Prozent der verkauften Lebensmittel in Deutschland aus.[20] Und selbst im Bio-Bereich gibt es noch Verbesserungsbedarf, weil die Regeln für dieses

Label teilweise nicht sehr streng sind. So können Bio-Lebensmittel sogar umweltschädlicher sein als Nicht-Bio-Lebensmittel – z. B., wenn eine Frucht in einem weit entfernten Land zwar unter Bio-Bedingungen angepflanzt wird, dann aber Tausende Kilometer zum Verkaufsort geschickt werden muss und somit Emissionen verursacht.

Dass wir zum Schutz der Umwelt alle wieder zu Jägern und Sammlern werden, ist unwahrscheinlich. Doch Essen brauchen wir immer noch genauso dringend wie unsere Vorfahr*innen. Deshalb müssen unbedingt Wege zu einer nachhaltigen Landwirtschaft gefunden werden – und Menschen, die daran mitarbeiten. Neben den Landwirt*innen sind das Wissenschaftler*innen, die zu den Auswirkungen von Landwirtschaft auf die Umwelt forschen; Ingenieur*innen, die neue landwirtschaftliche Maschinen entwickeln; aber auch Tierwirt*innen und Tierärzt*innen, die sich um Nutztiere kümmern.

Job-Spot:

Als **Agrarbiolog*in** beschäftigt man sich wissenschaftlich damit, wie sich Landwirtschaft auf Mensch und Natur auswirkt. Man untersucht etwa, welche Einflüsse Pflanzenschutzmittel haben oder welche Krankheiten Nutztiere haben. In Forschungsprojekten erprobt man Wege, landwirtschaftliche Methoden zu verbessern und die negativen Auswirkungen zu verringern. (Studium)

Arbeitsstellen:

> Forschungseinrichtungen
> Landwirtschaftliche Betriebe
> Nahrungsmittelindustrie
> Öffentliche Verwaltung

Jobs:

> Agrarbiolog*in
> Beamte*r in der Agrarverwaltung
> Fachkraft Agrarservice (Ausbildungsberuf)
> Gärtner*in (Ausbildungsberuf)
> Ingenieur*in
> Land- und Maschinenbautechniker*in (Ausbildungsberuf)
> Landwirt*in (Ausbildungsberuf)
> Landwirtschaftlich-technische*r Assistent*in (Ausbildungsberuf)
> Tierärzt*in

Studiengänge:

> Agrarbiologie
> Agraringenieurwesen
> Agrarwirtschaft
> Agrarwissenschaften
> Tiermedizin

Nachhaltigkeitsziele:

 2. Ernährung weltweit sichern

 9. Industrie, Innovation und Infrastruktur

 13. Klimaschutz weltweit umsetzen

»Auf meinem Hof haben die Tiere einen hohen Stellenwert – ich kenne jede Kuh beim Namen.«

Wie ich zu meinem Job gekommen bin: »Meine Eltern haben nach der Wende einen alten Bauernhof übernommen und dort einen landwirtschaftlichen Betrieb aufgebaut – dort bin ich auch groß geworden. Früher habe ich mich selbst nicht in der Landwirtschaft gesehen, ich musste auch als Kind nicht dauernd aushelfen. Irgendwann habe ich aber doch gemerkt, dass es das ist, was ich machen will. Also habe ich eine Ausbildung zur Landwirtin gemacht und inzwischen sogar den Betrieb von meinen Eltern übernommen.«

So sieht mein Job aus: »In meinem Betrieb gibt es 140 Rinder, außerdem Hühner und Schweine. Um die kümmere ich mich und verwerte ihre Milch, ihre Eier, ihr Fleisch. Morgens stehe ich um Viertel vor sechs auf, dann gehe ich erst einmal in den Stall und sehe nach dem Rechten. Außerdem verteile ich Aufgaben an die Auszubildenden und den Melker. Da ich jetzt einen eigenen Hof führe, erledige ich auch viel Bürokram. Ich muss z. B. immer die Daten von meinen Kühen im Blick haben, wer wann ein Kalb bekommen hat oder noch bekommt. Aber ich übernehme auch nach wie vor die täglichen Dienste, füttere die Tiere, mache ihre Ställe sauber und überprüfe, ob alle gesund sind. Je nach Jahreszeit kommen andere Aufgaben hinzu – im Frühjahr kommen die Kühe jeden Tag auf die Weide, außerdem müssen wir im Sommer Futter für die Wintermonate vorbereiten. Dazu rollen wir jedes Jahr vier- bis fünftausend Silage-, Heu- und Strohballen.«

Warum sich mein Job sinnhaft anfühlt: »Als Demeter-Landwirtin arbeite ich nach Bio-Richtlinien, die noch strenger sind als die Bio-Vorgaben der EU. Wir spritzen keine Pflanzenschutzmittel, verwenden keinen mineralischen oder chemischen Dünger, sondern stellen eigene Düngemittel her. Unsere Tiere bekommen mehr Platz und Auslauf, im Freien und überdacht. Außerdem dürfen sie höchstens dreimal im Jahr Antibiotika erhalten und nicht vorsorglich, wie es in der gewöhnlichen Tierhaltung üblich ist.«

Der Job könnte dir gefallen, wenn … »du bei jeder Wetterlage gern draußen bist, egal, wie kalt oder heiß es ist.«

Du solltest aber wissen, dass … »die Arbeit sehr anstrengend sein kann – gerade in der Erntezeit bin ich von früh bis spät auf Achse.«

Was du mitbringen solltest: Spaß an der Arbeit mit Tieren und Maschinen; keine Angst, dir die Hände dreckig zu machen

Welcher Persönlichkeitstyp sich hier wohlfühlt: Die Toolbox

Wege in den Job: Ausbildung als Landwirt*in; Studium Agrarwissenschaften, Spezialisierung wie ökologische Agrarwissenschaft möglich

Verwandte Schulfächer: Biologie

Verwandte Berufe: Tierpfleger*in; Gärtner*in

Kontakt zu Menschen:
☺ ☺ ☺ ☺

Gehaltsaussichten:
€ € € €

GESUND ERNÄHREN

Nicht nur der Anbau von Lebensmitteln, sondern auch die Weiterverarbeitung kann nachhaltiger werden. Wo eine Kartoffel herkommt und was sie enthält, kann man im Supermarkt auf den ersten Blick erkennen. Komplizierter wird es jedoch, wenn man etwa ein Fertigprodukt kauft, in dem viele unterschiedliche Zutaten zusammengemischt sind – manchmal auch solche, die man absichtlich niemals kaufen würde. Ein Beispiel dafür ist das Palmöl, das in vielen Supermarktprodukten enthalten ist, für dessen Anbau jedoch Regenwälder gerodet und Arbeiter*innen ausgebeutet werden.

Gesunde und nachhaltige Lebensmittel

Die wenigsten Menschen bauen ihr Essen selbst an. Sie kaufen es stattdessen im Supermarkt, essen im Restaurant oder bestellen es sich nach Hause. In all diesen Bereichen gibt es Möglichkeiten, unseren Konsum nachhaltiger zu machen – und unsere Ernährung gesünder. Weiterverarbeitete Lebensmittel, also alles von der Marmelade bis zur Tiefkühlpizza, können mit gesünderen und nachhaltig produzierten Zutaten hergestellt werden. Bei der Herstellung kann weniger Energie verbraucht werden. Die Lebensmittel können kürzere Wege zurücklegen, sodass in Supermärkten vor allem regional produzierte Waren ausliegen.

Auch in der Gastronomie könnte vieles besser laufen. Große Fast Food-Ketten füttern zwar täglich Millionen Menschen, dabei bieten sie aber häufig Essen an, das nicht gesund ist und aus keinen guten Anbaubedingungen stammt. Hier fällt zudem jede Menge Müll an, gerade, wenn es Essen zum Mitnehmen ist. Gleiches gilt für geliefertes Essen: Das ist meistens gut verpackt, damit es nicht kalt wird – doch die Verpackung wandert direkt in den Müll. Außerdem geht das schnelle Bestellen derzeit noch zu oft auf die Kosten derjenigen, die es ausliefern müssen. Lieferdienste sind dafür bekannt, von ihren Fahrer*innen viel zu verlangen, aber wenig zu zahlen.

Statt Fast Food sollte es in Zukunft deshalb häufiger heißen: Slow Food. Hinter diesem Begriff steckt eine neue Einstellung zum Essen, die Wert auf genussvolle, regionale und sozial verträgliche Ernährung legt. Entfalten kann sich diese neue Einstellung in Restaurants, in Kantinen, bei Lieferdiensten, in Backstuben oder eben ganz einfach im Supermarkt.

Job-Spot:

Was ein **Koch oder eine Köchin** macht, weiß vermutlich jede*r. Doch auch so ein klassischer Beruf kann nachhaltig gedacht werden. So können Köch*innen Bio- oder Zero-Waste-Imbisse eröffnen, Konzepte für eine saisonale Ernährung entwickeln und Wege finden, Lebensmittelabfälle zu reduzieren. (Ausbildungsberuf)

Fleischalternativen entwickeln

Die Fleischindustrie ist einer der größten Treiber des Klimawandels. Das meiste Fleisch, das im Supermarkt oder im Restaurant angeboten wird, stammt aus Massentierhaltung, also aus landwirtschaftlichen Betrieben, die Hunderte oder Tausende Tiere nur zu dem Zweck halten, sie irgendwann zu schlachten. Die Massentierhaltung erfordert den Einsatz sehr vieler Ressourcen, da Tiere trinken und essen müssen. Gleichzeitig leben und sterben die Nutztiere häufig unter schlimmen Bedingungen.

Aus diesen Gründen entscheiden sich immer mehr Menschen, vegetarisch oder vegan zu leben. Doch es sind noch längst nicht genug, um die schädlichen Auswirkungen der Fleischindustrie zu stoppen. Ein Ansatz, um noch mehr Menschen dazu zu bewegen, auf Fleisch zu verzichten, sind Fleischalternativen, also Schnitzel, die wie Schnitzel aussehen und schmecken, aber ohne Fleisch gemacht werden. Solche Produkte entwickeln etwa Köch*innen und Lebensmittelchemiker*innen mit.

Job-Spot:

Lebensmitteltechnolog*innen lernen im Studium Grundlagen für die Herstellung von Lebensmitteln, Biologie, Chemie und Verfahrenstechnik. So können sie später selbst Lebensmittel entwickeln. (Studium)

Kontrolle und Information

Wenn die Lebensmittelindustrie wirklich nachhaltig werden soll, reicht es nicht aus, sich auf die Aussagen der Hersteller*innen zu verlassen. Es muss auch überprüft werden, dass die Versprechen wirklich eingehalten werden. Denn gerade, wenn es um Nachhaltigkeit geht, liegt es im Trend, dass Unternehmen ihre Produkte grüner darstellen, als sie es wirklich sind.

Lebensmittel werden in Deutschland schon lange sehr streng kontrolliert. Das geschieht durch die Lebensmittelüberwachungsämter. Die überprüfen nicht nur Produkte im Handel, sondern auch Restaurants oder Cafés. Die Mitarbeitenden schauen, ob überall sauber gearbeitet wird, nehmen Proben und untersuchen, ob dort Schadstoffe enthalten sind.

Außerdem gibt es nicht-staatliche Verbraucherzentralen, die sich ebenfalls mit diesen Themen beschäftigen und den Markt überwachen. Sie untersuchen Lebensmittel und kontrollieren Etiketten, damit Menschen immer wissen, woher ihr Essen kommt, und dass das drin ist, was auf der Verpackung steht.

Solche Aufklärungsarbeit ist wichtig. Denn letztlich ist es so: Die Kund*innen im Supermarkt bestimmen durch ihren Einkauf, welchem Unternehmen sie ihr Geld geben. Mit ihrem Kauf können sie deshalb ihre Stimme für bessere Lebensmittel abgeben. Dazu müssen sie aber beurteilen können, welche Lebensmittel gut und welche eher nicht so gut sind. Deshalb braucht es Menschen, die über eine gesunde Ernährung aufklären. Das kann im persönlichen Kontakt geschehen oder über Kampagnenarbeit.

Arbeitsstellen:

> Einrichtungen zur Lebensmittelüberwachung
> Lebensmitteleinzelhandel
> Restaurants, Kantinen, Lieferdienste, Bäckereien
> Verbraucherzentralen

Jobs:

> Bäcker*in (Ausbildungsberuf)
> Diätassistent*in (Ausbildungsberuf)
> Fachverkäufer*in Lebensmittelhandwerk
  (Ausbildungsberuf)
> Lebensmittelrechtler*in
> Milchtechnolog*in (Ausbildungsberuf)
> Milchwirtschaftliche*r Laborant*in
  (Ausbildungsberuf)
> Ökotropholog*in

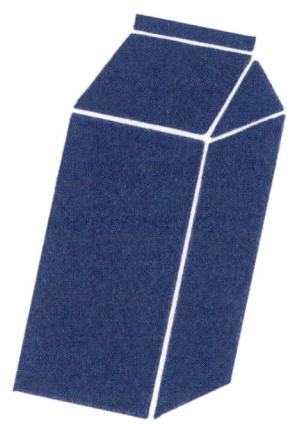

Studiengänge:

> Ernährungswissenschaften
> Lebensmittelchemie
> Lebensmitteltechnologie
> Ökotrophologie

Nachhaltigkeitsziele:

 2. Ernährung weltweit sichern

 9. Industrie, Innovation und Infrastruktur

 12. Nachhaltig produzieren und konsumieren

»Ich helfe Menschen, gesund und nachhaltig zu essen.«

Wie ich zu meinem Job gekommen bin: »Als Jugendliche fing ich an, mich für gesunde Ernährung zu interessieren und selbst viel zu kochen. Biologie war zudem in der Schule mein Lieblingsfach. Ich habe dann Ernährungswissenschaften studiert – dieses Fach vereint beides. Danach habe ich zunächst in der Lebensmittelindustrie gearbeitet und bei einem Feinkosthändler sichergestellt, dass die Etiketten stimmten, die Zutatenlisten korrekt waren und Ähnliches.«

So sieht mein Job aus: »Inzwischen habe ich mich als Ernährungsberaterin selbstständig gemacht. Denn als Ernährungswissenschaftlerin lernt man nicht nur alles über Lebensmittel, sondern auch darüber, welche Auswirkungen sie auf den Menschen haben. Meine Patient*innen kommen entweder auf eigenen Wunsch zu mir oder sie werden von Ärzt*innen an mich verwiesen. Viele wollen Gewicht verlieren. Andere möchten einfach gesünder essen oder ihre Ernährung umstellen, weil sie eine Krankheit oder eine Allergie haben, oder auch, weil sie auf Fleisch verzichten wollen.
Gemeinsam gehen wir dann Schritt für Schritt zu einer optimalen Ernährung für die jeweilige Person. Ich lasse die Patient*innen Tagebuch führen, wann sie was essen. Wir vereinbaren Ziele und treffen uns in regelmäßigen Abständen, um zu schauen, wie es vorangeht. Dabei muss ich auf die Person eingehen, denn jeder Mensch hat eine andere Motivation und andere Bedürfnisse.«

Warum sich mein Job sinnhaft anfühlt: »Ich helfe Menschen, sich gesünder zu ernähren. Manchmal halte ich auch Vorträge oder gebe Workshops, in denen ich über eine fleischarme Ernährung oder Müllvermeidung informiere. Mich freut es immer, wenn ich sehe, dass ich Menschen motiviere, etwas zu ändern.«

Der Job könnte dir gefallen, wenn … »du gern kochst und backst und dich auch dafür interessierst, wie Lebensmittel im Körper wirken.«

Du solltest aber wissen, dass … »es sehr unterschiedlich sein kann, wie gut die Patient*innen mitarbeiten. Manche sind total motiviert, andere wurden bloß zu mir geschickt und haben gar keinen Bock. Da braucht man manchmal viel Geduld.«

Was du mitbringen solltest: Kommunikationsfähigkeit: dich gern mit anderen unterhalten und auf sie eingehen; Naturwissenschaftliches Interesse

Welcher Persönlichkeitstyp sich hier wohlfühlt: Das Organisationstalent

Wege in den Job: Studium Ernährungswissenschaften/Ökotrophologie; Weiterbildung als Ernährungsberater*in; alternativ: Ausbildung als Diätassistent*in und dann Weiterbildung

Verwandte Schulfächer: Biologie, Chemie

Verwandte Berufe: Fitness-Trainer*in; Lebensmittelchemiker*in

Kontakt zu Menschen:

Gehaltsaussichten:

95

NACHHALTIGER TRANSPORTIEREN

Jeden Tag müssen Millionen Menschen und Millionen Dinge von einem Ort zum anderen kommen. Das verursacht große Schäden für die Umwelt. Autos mit Benzin- oder Dieselmotoren, Flugzeuge oder große Tanker geben schädliche Stoffe an die Luft, das Wasser und die Erde ab. Nun ist es so: Menschen werden nicht auf einmal aufhören, irgendwo hinzufahren, denn schließlich müssen wir irgendwie zur Schule, zur Arbeit oder in den Supermarkt kommen. Und auch Waren müssen weiterhin transportiert werden. Doch langfristig müssen wir auf weniger schädliche Transport- und Fortbewegungsarten umstellen.

Neue Antriebe

Große Hoffnungen ruhen derzeit auf Elektro-Mobilität. Damit sind Fahrzeuge gemeint, die nicht mit fossilen Brennstoffen wie Benzin, sondern mit Strom betrieben werden, der im besten Fall aus erneuerbaren Energiequellen stammt. Das können nicht nur Autos sein, sondern auch Busse, Motorroller oder Fahrräder. Sogar Flugzeuge könnten elektrisch fliegen. In die Elektro-Mobilität wird derzeit viel Geld gesteckt, inzwischen gibt es schon einige E-Autos oder E-Roller auf dem Markt und somit auch Jobs aus dem klassischen Automobil-Bereich. Hier arbeiten Kfz-Mechatroniker*innen, Ingenieur*innen oder Automobilkaufleute. In Zukunft werden wohl zunehmend IT- und Elektronik-Spezialist*innen gefragt sein.

Elektro-Autos sind jedoch noch lange nicht perfekt. Bei den alternativen Antrieben gibt es nach wie vor viel zu forschen und zu entwickeln. Möglicherweise sind da weitere Wege, ein Fahrzeug anzutreiben, an die bis jetzt noch niemand gedacht hat. Hier bieten sich berufliche Möglichkeiten in der Forschung und in den Entwicklungsabteilungen von Unternehmen, vor allem für Ingenieur*innen.

Anders reisen

Schon jetzt gibt es Arten der Fortbewegung, die weniger schädlich sind als andere. So ist es umweltfreundlicher, in den Urlaub den Zug zu nehmen als das Flugzeug. Oder eine Fahrgemeinschaft mit Kolleg*innen zu bilden, anstatt dass alle jeden Tag mit ihrem eigenen Pkw zur Arbeit fahren. Oder einfach gleich das Fahrrad zu nehmen.

Doch diese Alternativen werden noch zu wenig genutzt, um wirklich einen Unterschied für die Umwelt zu machen. Das liegt auch daran, dass sie teilweise noch nicht so praktisch sind – so gibt es z. B. kaum schnelle Zugverbindungen von Deutschland in andere Länder Europas. An dieser Stelle gibt es noch viel zu tun: Schnellzüge durch Europa könnten das Fliegen überflüssig machen und mit einem erschwinglichen, gut ausgebauten öffentlichen Nahverkehr würden mehr Menschen bereitwillig auf ein eigenes Auto verzichten. Daran arbeiten Beschäftigte von Verkehrsbetrieben und Eisenbahnunternehmen oder Verkehrsplaner*innen mit.

Transport und Logistik

Nicht nur Menschen fahren in der Welt herum, sondern auch Gegenstände. Viele Produkte werden weit entfernt von dem Ort hergestellt, wo sie verkauft werden. Mit Flugzeugen, Containerschiffen, Zügen und Lkws kommen sie dann aus der Fabrik in die Läden. Und manchmal reisen sie noch weiter: Denn seit man fast alles online bestellen kann, werden viele Produkte direkt zu den Kund*innen an die Haustür geliefert. Ein weiterer Transportschritt, der noch mehr Umweltbelastung verursacht.

Fachleute für Logistik arbeiten daran, all diese Prozesse weniger umweltschädlich zu machen. Ansätze sind z. B. Waren mit E-Fahrzeugen auszuliefern, oder Lieferungen zu bündeln, sodass mit einer einzelnen Fahrt mehr Pakete verteilt werden können. Hierbei sind auch die Kenntnisse von IT-Spezialist*innen gefragt.

Job-Spot:

Hinter dem Beruf **Supply Chain Manager*in** steht eine Person, die alle Aspekte einer Lieferkette im Blick hat. Das heißt: alles vom Besorgen der Rohstoffe bis zum Ausliefern an die Kund*innen. Ihre Aufgabe ist es, dafür zu sorgen, dass alle diese Schritte reibungslos ablaufen. (Ausbildungsberuf & Studium)

Arbeitsstellen:

> Automobilkonzerne
> Behörden
> Eisenbahngesellschaften
> Logistik-Unternehmen
> Post, Lieferdienste
> Reiseunternehmen
> Tourismusunternehmen
> Verkehrsbetriebe

Jobs:

> Automobilkaufmann*frau (Ausbildungsberuf)
> Eisenbahner*in (Ausbildungsberuf)
> Elektroniker*in (Ausbildungsberuf)
> Ingenieur*in
> Logistiker*in
> Kaufmann*frau Kurier-, Express- und Post-
>   dienstleistungen (Ausbildungsberuf)
> Kfz-Mechaniker*in (Ausbildungsberuf)
> Konstruktionsmechaniker*in (Ausbildungsberuf)
> Technischer Produktdesigner*in (Ausbildungs-
>   beruf)

Studiengänge:

> Chain-Management
> Elektrotechnik
> Elektromobilität
> Maschinenbau
> Mathematik
> Physik
> Stadt- und Regionalplanung
> Verkehrsingenieurwesen

Nachhaltigkeitsziele:

7. Bezahlbare und saubere Energie

9. Industrie, Innovation und Infrastruktur

13. Klimaschutz weltweit umsetzen

»Ich entwickle E-Bikes und Lasten- räder, mit denen Menschen nach- haltiger von A nach B kommen.«

Wie ich zu meinem Beruf gekommen bin: »Ich habe schon als Kind gern gebastelt, geschraubt und Dinge repariert. Nach dem Abitur habe ich deshalb angefangen, Maschinenbau zu studieren. Die Uni war allerdings nichts für mich, ich habe nach einem Semester hin- geschmissen. Ich wollte lieber direkt praktisch arbeiten – und habe deshalb eine Ausbildung zum technischen Zeichner begonnen. Inzwischen arbeite ich bei einem Fahrradhersteller als Fahrrad- konstrukteur.«

So sieht mein Job heute aus: »Ein neues Fahrrad entwickeln wir immer im Team. Als Erstes schauen wir, welche Trends es auf dem Markt gibt und welches Fahrrad in unserem Angebot noch fehlt. Dann entwerfen Industriedesigner*innen, wie das Fahrrad aussehen soll. Doch aus einer Skizze auf einem Stück Papier kann man noch kein Fahrrad bauen, dafür braucht es ein 3D-Modell. Und das erstel- le ich. Ich übertrage dabei nicht nur den Entwurf in ein Computer- Programm, sondern überprüfe auch, ob bestimmte Reifen auf das Fahrrad passen oder sich ein Motor richtig einbauen lässt. Ist mein Modell fertig, schicke ich die Daten an unsere Fabrik, die das Fahrrad am Ende baut.
Ein Teil meines Jobs ist auch Kontrolle und Prüfung. Bevor ein Fahr- rad in die Produktion geht, muss ich die Baupläne der Fabrik noch einmal kontrollieren, ob auch jeder Winkel und jede Länge stimmt.«

Warum sich mein Job sinnhaft anfühlt: »Fahrradfahren ist gut für die eigene Gesundheit, und es schont Ressourcen. Mit einem Lastenrad können Eltern etwa ihre Kinder zur Kita bringen und den Großeinkauf erledigen, statt dafür das Auto zu nehmen.«

Der Job könnte dir gefallen, wenn ... »du gern an technischen Sachen bastelst und schraubst, vielleicht schon mal eine Dampflok gebaut hast.«

Du solltest aber wissen, dass ... »man viel am Schreibtisch sitzt. Manchmal tüftele ich zwar auch in unserer Werkstatt mit oder teste ein Fahrrad. Aber zu 90 Prozent ist es ein Bürojob.«

Was du mitbringen solltest: Gewissenhaftigkeit; Technik-Affinität; ein Gefühl für Werkstoffe

Welcher Persönlichkeitstyp sich hier wohlfühlt: Die Toolbox

Wege in den Job: Ausbildung als technische*r Produktdesigner*in; Studium Maschinenbau

Verwandte Schulfächer: Mathe; Physik; Chemie

Verwandte Berufe: Ingenieur*in; Konstruktionsmechaniker*in; Kfz-Mechatroniker*in

Kontakt zu Menschen:

Gehaltsaussichten:

NACHHALTIG ZUSAMMENWOHNEN

57 Prozent der Menschen leben in Städten – und es werden immer mehr. Sowohl für die Umwelt als auch für die Menschen, die in diesen Städten wohnen, kann das negative Folgen haben. Denn Städte verdrängen die Natur, dort stehen immer weniger Bäume und immer mehr Hochhäuser. Viele Autos verursachen Lärm und schlechte Luft.

In manchen Städten wird der Platz knapp, was zu steigenden Mieten führt – oder eben dazu, dass sich die Stadt noch weiter ausdehnt und in die Natur vordringt. Eine kluge Stadtplanung ist deshalb unbedingt Teil einer nachhaltigen Zukunft. Gleichzeitig dürfen ländliche Regionen nicht abgehängt werden. Deshalb ist auch Regionalplanung gefragt, die dafür sorgt, dass es auf dem Land öffentliche Verkehrsmittel, Einkaufsmöglichkeiten und schnelles Internet gibt und dieser Lebensraum ebenfalls attraktiv bleibt.

Verkehr

Dazu gehört es, öffentliche Verkehrsmittel so auszubauen, dass Menschen in allen Teilen der Stadt möglichst bequem von A nach B kommen und weniger Autos unterwegs sind. Auch Radwege müssen geplant und gebaut werden. Die Kraftfahrzeuge, die durch die Stadt fahren, sollten mit Verkehrsplanung so geleitet werden, dass wenig Abgase entstehen, Radfahrer*innen und Fußgänger*innen geschützt und Staus vermieden werden. Außerdem braucht es Schutz vor Lärm und Schadstoffen. Auf dem Land muss dafür gesorgt werden, dass Menschen nicht nur mit dem Auto vorwärtskommen, sondern öffentliche Verkehrsmittel eine echte Alternative darstellen. Der Schutz der Umwelt spielt hier genauso eine Rolle.

An der Planung und Durchführung solcher Maßnahmen arbeiten Angestellte von Verkehrsbetrieben, Behörden und privaten Ingenieurs- und Stadtplanungsbüros mit.

Grünere Stadt

Grünflächen und Parks können das Leben in einer Stadt deutlich verbessern. Bäume nehmen nicht nur CO_2 auf, sondern spenden auch Schatten, sodass sich der Boden nicht so stark erhitzt. Ihre Zweige bieten Lebensraum für Vögel und Insekten. Nicht zuletzt erfreuen sich die Bewohner*innen einer Stadt an Parks: Hier können sie mit anderen Menschen zusammenkommen, Sport treiben und entspannen.

All die unterschiedlichen Interessen und Vorteile bringen Stadtplaner*innen, Landschaftsgärtner*innen und Gärtner*innen unter einen Hut.

Job-Spot:

Parks und Grünflächen müssen in Schuss gehalten werden – das erledigen **Landschaftsgärtner*innen**. Sie planen Grünanlagen, legen Beete und Wege an, bewässern und pflegen die Pflanzen. (Ausbildungsberuf)

Zusammenleben

Städte sind der Lebensraum von Menschen – und nicht immer ist dieser Raum gerecht aufgeteilt. Stattdessen werden in Großstädten zunehmend ärmere Menschen an den Stadtrand gedrängt, weil sie sich die Mieten in zentralen Stadtvierteln nicht mehr leisten können.
Eine Maßnahme dagegen ist es, Sozialwohnungen zu bauen, wo der Staat finanziell schwachen Menschen einen Teil der Miete bezahlt. Auch solche Planungen finden in Behörden statt, die gemeinsam mit Architekturbüros und Bauunternehmen Städte umgestalten.

Job-Spot:

Stadt- und Regionalplaner*innen berücksichtigen die gesellschaftlichen, wirtschaftlichen und ökologischen Voraussetzungen und Bedürfnisse in einer Stadt oder Region. Sie überlegen, an welchen Stellen etwas verbessert werden muss – z. B. die Verkehrsanbindung, wo eine Schule gebaut werden sollte, oder welche Flächen in der Stadt noch bebaut werden könnten. (Studium)

Gebäude

Auch an Häuser selbst müssen in Zukunft andere Anforderungen gestellt werden. Etwa, dass sie aus umweltverträglichen Materialien gebaut werden, oder so gut gedämmt sind, dass sie nicht unbedingt eine Heizungsanlage brauchen. Außerdem sollten Wege gefunden werden, leerstehende Häuser wieder zu nutzen. In diesem Bereich arbeiten Ingenieur*innen, Expert*innen für Materialien, Architekt*innen und Baufirmen gemeinsam an neuen Lösungen und bauen nachhaltige Gebäude.

Job-Spot:

Elektroniker*innen für Gebäudesystemintegration sind auf die Häuser der Zukunft vorbereitet. Sie können ein Gebäude mit neuen Technologien ausstatten, z. B. mit elektronischen Ladestellen oder Smart Home-Systemen. (Ausbildungsberuf)

Arbeitsstellen:

> Architekturbüros
> Bauingenieurbüros
> Bauunternehmen
> Behörden

Jobs:

> Anlagenmechaniker*in (Ausbildungsberuf)
> Architekt*in
> Bauingenieur*in
> Beamt*in in der Umweltverwaltung
> Dachdecker*in (Ausbildungsberuf)
> Energiemanager*in
> Fachkraft für Straßen- und Verkehrstechnik (Ausbildungsberuf)
> IT-Spezialist*in
> Landschaftsarchitekt*in
> Umweltmanager*in
> Vermessungstechniker*in (Ausbildungsberuf)
> Zimmerer*in (Ausbildungsberuf)

Studiengänge:

> Architektur
> Bauingenieurswesen
> Biologie
> Gartenwissenschaften
> Geografie
> Nachhaltige Entwicklung
> Stadt- und Regionalplanung
> Umweltingenieurwesen

Nachhaltigkeitsziele:

 9. Industrie, Innovation und Infrastruktur

 10. Verminderte Ungleichheiten innerhalb und zwischen Ländern

 11. Nachhaltige Städte und Gemeinden

 13. Klimaschutz weltweit umsetzen

 15. Leben an Land

»Ich sorge dafür, dass die Stadt klimafreundlicher wird und finde Wege, die Auswirkungen des Klimawandels für die Einwohner*innen abzumildern.«

Wie ich zu meinem Job gekommen bin: »Ich habe einen Bachelor in Nachhaltiger Entwicklung und einen Master in Umweltingenieurwesen. Nach dem Studium habe ich zunächst in der Verkehrsplanung gearbeitet, das hat mir aber nicht so viel Spaß gemacht. Deshalb habe ich mich bei der Stadt beworben. Als Klimaschutzmanager kann man unterschiedliche Schwerpunkte haben. Bei mir ist es die Verkehrsplanung, weil ich das ja schon vorher gemacht habe.«

So sieht mein Job aus: »Meine Aufgaben als Klimaschutzmanager sind sehr breit gefächert. Ich recherchiere, überlege mir Maßnahmen, stelle Förderanträge und mache Öffentlichkeitsarbeit. Ein großer Teil meiner Arbeit ist Kommunikation mit unterschiedlichen Beteiligten – etwa Baufirmen, verschiedenen Abteilungen in der Stadtverwaltung sowie Lokalpolitiker*innen. Am Ende sollten aber immer konkrete Maßnahmen zum Klimaschutz herauskommen, die auch umgesetzt werden.
Gerade entwickeln wir ein neues Radverkehrskonzept. Wir schauen uns zuerst die Situation an, wo neue Radwege gebraucht werden. Dann setzen wir unsere Pläne in Zusammenarbeit mit einem Ingenieursbüro um. Ein weiteres aktuelles Thema ist Klimaanpassung. In den vergangenen Jahren gab es immer häufiger Starkregen in Nordrhein-Westfalen. Um die Einwohner*innen vor den Folgen zu schützen, suchen wir gerade nach Flächen, wo Wasser zwischengespeichert werden kann.«

Warum sich mein Job sinnhaft anfühlt: »Ich sorge dafür, dass unsere Stadt nachhaltiger wird – und gleichzeitig schütze ich ihre Bewohner.«

Der Job könnte dir gefallen, wenn ... »du mit Herzblut daran arbeiten möchtest, Klimaschutz voranzutreiben.«

Du solltest aber wissen, dass ... »es ein Job in der Verwaltung ist, und Verwaltung ist manchmal träge und kompliziert. Jede Kleinigkeit muss abgestimmt werden, so kommt man oft langsamer voran, als man es sich wünschen würde.«

Was du mitbringen solltest: Multitasking-Fähigkeit, weil man immer an verschiedenen Projekten arbeitet; gute Kommunikationsfähigkeit

Welcher Persönlichkeitstyp sich hier wohlfühlt: Das Organisationstalent

Wege in den Job: Studium Nachhaltige Entwicklung; Umweltingenieurwesen o. Ä.; Studium Geografie, Bodenkunde oder Biologie

Verwandte Schulfächer: Biologie; Chemie; Physik

Verwandte Berufe: Stadtplaner*in; Energiemanager*in; Energietechniker*in

Kontakt zu Menschen:

Gehaltsaussichten:

STUDIUM, AUSBILDUNG – ODER BEIDES?

Zwischen dir und deinem Traumjob steht in der Regel noch ein Schritt: die Berufsausbildung. Denn in die allerwenigsten Berufe kann man einfach so einsteigen, ohne sie zuvor gelernt zu haben.

In Deutschland qualifiziert man sich für einen Job über zwei Wege: eine Ausbildung oder ein Studium an einer Hochschule. Doch woher weißt du, welcher Weg der richtige ist?

Manche Leute denken, dass die Antwort auf diese Frage vor allem vom Schulabschluss abhinge: Abitur und gute Noten ist gleich Studium. Alle anderen machen eine Ausbildung. Aber so einfach ist es nicht. Stattdessen gibt es bei beiden Varianten Vor- und Nachteile, die du abwägen solltest.

Die Ausbildung

Die Ausbildung, auch »Lehre« genannt, hat in Deutschland eine lange Tradition. Generell ist sie praxisbezogener als ein Studium. Die meisten Ausbildungen lassen sich in zwei Kategorien aufteilen:

> Die duale oder zweifache Ausbildung heißt so, weil es zwei Orte gibt, an denen die Ausbildung stattfindet. Zum einen ist das eine Berufsschule. Dort bekommen die Auszubildenden theoretische Kenntnisse vermittelt, ganz ähnlich, wie du es aus deiner bisherigen Schullaufbahn kennst. Zum anderen gibt es den zweiten, praktischen Teil einer Ausbildung. Oft besuchen Auszubildende ein bis zwei Tage die Woche die Berufsschule und sind den Rest der Zeit in ihrem Betrieb. Das ist das Unternehmen, in dem man den jeweiligen Beruf ausübt. Bei einer Ausbildung als Bäcker*in wäre das eine Bäckerei, bei einer Ausbildung als Kfz-Mechatroniker*in eine Autowerkstatt. Dort machen Auszubildende dann schon erste Erfahrungen im Beruf, führen die entsprechenden Tätigkeiten selbst aus und lernen so die praktischen Fähigkeiten.

> Die schulische Ausbildung findet an einer sogenannten Berufsfachschule statt. Das betrifft vor allem Gesundheits-, Sozial-, oder Medienberufe, z.B. die Ausbildung als Krankenpfleger*in. Auch hier gibt es aber in der Regel praxisbezogene Anteile, etwa durch längere Praktika in Unternehmen.

Für eine Ausbildung kann sprechen, dass ...

> ... man direkt praktisch arbeiten kann, statt nur zu büffeln.
> ... Ausbildungen dich spezifisch auf einen Job vorbereiten.
> ... eine Ausbildung meist schneller geht als ein Studium.
> ... man zumindest bei der dualen Ausbildung eine Vergütung erhält, also von Anfang an Geld verdient und in die Rentenkasse einzahlt.
> ... viele Unternehmen Auszubildende suchen und die Aussichten auf eine Stelle in einigen Branchen sehr gut sind.

Gegen eine Ausbildung kann sprechen, dass ...

> ... die Ausbildungsvergütung oft niedrig ist.
> ... es immer wieder Azubis gibt, die in ihrem Betrieb sehr unzufrieden sind. Etwa ein Viertel bricht die Ausbildung sogar ab.[21]
> ... Menschen mit einer Ausbildung im Durchschnitt weniger verdienen als Menschen mit einem Hochschulabschluss. Aber: Hierbei kommt es sehr auf die Branche an.[22]

Das Studium

Studieren kann man in Deutschland an Universitäten und an Fachhochschulen. Letztere sind grundsätzlich etwas praktischer ausgerichtet. Man macht dort aber die gleichen Abschlüsse.

Im Gegensatz zu einer Ausbildung läuft ein Studium eigenverantwortlicher ab. Du hast unterschiedliche Vorlesungen und Seminare, die du dir oft selbst zusammenstellen kannst. Das Lernen ist in Semester eingeteilt, ähnlich wie Halbjahre in der Schule. Am Ende jedes Semesters stehen Klausuren und Hausarbeiten, in denen du unter Beweis stellst, was du gelernt hast. Wie viel Zeit und Energie du ins Lernen steckst, ist dir dabei weitestgehend selbst überlassen. Seitdem das Studiensystem vor einigen Jahren europaweit vereinheitlicht wurde, kann man die meisten Fächer im Bachelor- und Mastersystem studieren. Dort sammelt man eine bestimmte Anzahl von Leistungspunkten und schreibt eine umfangreiche Arbeit, um zum Abschluss zu kommen. Man kann die Uni nach einem Bachelor verlassen, der für gewöhnlich 3 Jahre dauert, oder noch einen zweijährigen Master dranhängen. Einige Studiengänge verlaufen jedoch nach einem eigenen System, zu diesen Ausnahmen gehören etwa Medizin oder Jura.

Für ein Studium kann sprechen, dass ...

> ... du mehr Freiheiten hast als in der Ausbildung.
> ... du dich tief in ein Thema einarbeiten kannst.
> ... man manche Berufe nur mit Studium ausführen kann, z. B. Ärzt*in oder Richter*in.
> ... die Karriere- und Gehaltsaussichten in vielen Branchen mit Studium besser sind.

Gegen ein Studium kann sprechen, dass ...

> ... man nicht bezahlt wird, mehrere Jahre lang.
> ... es nicht allen gefällt, viel Theorie zu lernen.
> ... man sehr diszipliniert sein muss, um erfolgreich zu studieren.
> ... man am Ende nicht zwangsläufig für einen bestimmten Beruf qualifiziert ist.

Die Kombi: Das duale Studium

Seit einigen Jahren gibt es in Deutschland auch die Möglichkeit, ein Studium und eine Ausbildung zu kombinieren. Am Ende eines solchen dualen Studiums hat man dann zwei Abschlüsse. Für gewöhnlich sind die Abschlüsse inhaltlich miteinander verwandt, ein BWL-Studium wird z. B. mit einer Ausbildung als Bürokaufmann*frau kombiniert.
Der praktische Teil findet in der Regel in einem bestimmten Unternehmen statt.
Ein duales Studium hat den Vorteil, dass man in der Regel von Anfang an bezahlt wird, und zwar deutlich höher als bei einer Ausbildung. Außerdem hat man gute Chancen, direkt im Anschluss einen Job zu bekommen. Allerdings muss man sich auch bewusst sein, dass dieser Weg sehr anspruchsvoll ist. Während in den Semesterferien die Kommiliton*innen große Reisen machen, müssen duale Studierende in dieser Zeit in ihrem Ausbildungsbetrieb arbeiten.

Übrigens

Auch, wenn die Entscheidung zwischen Ausbildung oder Studium sich sehr groß anfühlen kann: Sie muss keineswegs endgültig sein. Wenn du dich zunächst für eine Ausbildung entscheidest, kannst du trotzdem später noch ein Studium dranhängen. Vielleicht arbeitest du erst ein paar Jahre in einem Job und merkst dann, dass du deine Kenntnisse gern noch an der Uni vertiefen möchtest. Auch mit Mitte oder Ende 20 kann man noch anfangen zu studieren – das ist sogar gar nicht ungewöhnlich. Das Arbeitsleben ist lang, und Möglichkeiten, sich fortzubilden, gibt es immer. Ebenso ist es möglich, nach einem Studium noch eine Ausbildung zu machen. Praktische Erfahrung mit akademischer Lehre zu kombinieren, kann auf dem Arbeitsmarkt sogar ein großer Vorteil sein.

INFORMIEREN

Wir haben nun schon wiederholt festge-
stellt: Nachhaltigkeit ist ein sehr komplexes
Thema. Für eine bessere Welt muss sich in vielen Bereichen des Lebens etwas ändern. Manchmal
ist es gar nicht so leicht, da den Überblick zu behalten. Ständig passiert
etwas auf der Welt, Politiker*innen treffen Entscheidungen und sagen
irgendwelche Sachen. Hier das Wichtige vom Unwichtigen zu trennen
kann eine ziemliche Herausforderung sein.

Zudem gibt es ständig neue Erkenntnisse. Viele davon stammen aus
der Wissenschaft, die zurzeit viel Energie in Forschung zu Nachhaltigkeit steckt und immer wieder Neues herausfindet. Diese Forschungs-
ergebnisse sind für die breite Masse aber oft gar nicht so leicht zu
verstehen.

Aus diesen Gründen braucht es Menschen, die Informationen auswählen, einordnen und für alle verständlich machen. Klassischerweise sind
das Journalist*innen. Für Zeitungen, Websites, Fernseh- oder Radio-
sender erstellen sie Berichte über wichtige Ereignisse. Viele Journalist*innen sehen es als ihre Aufgabe, den Mächtigen auf die Finger
zu schauen. So verhindern sie, dass große Unternehmen oder
Politiker*innen mit Fehlern davonkommen oder Entscheidungen
treffen, die der Bevölkerung schaden.

Seit Aufkommen des Internets sind Medien nicht mehr die
Einzigen, die informieren können. Auf Blogs oder in sozialen
Netzwerken gibt es inzwischen etliche Menschen, die Tipps für
ein nachhaltigeres Leben teilen. Manchmal stehen Organisationen
hinter solchen Accounts. Oft sind es auch Einzelpersonen, die als Influencer*innen ihren Lebensunterhalt mit dieser Arbeit verdienen.

Job-Spot:

Wenn für Kampagnen verschiedene Medien genutzt werden sollen,
kommen **Mediengestalter*innen für Bild und Ton** ins Spiel. Sie nehmen Videos auf, bearbeiten diese und optimieren sie für unterschiedliche Kanäle, wie soziale Netzwerke. Außerdem planen sie Drehs
oder Live-Veranstaltungen und sorgen dafür, dass Ton, Licht und Bild
stimmen. (Ausbildungsberuf)

Arbeitsstellen:

> Kommunikationsabteilungen von nachhaltigen Unternehmen
> Medienunternehmen
> Non-Profit-Organisationen
> Pressestellen und Öffentlichkeitsarbeit
> Universitäten und Forschungsinstitute
> Verbraucherschutzzentralen

Jobs:

> Film- und Videoeditor*in (Ausbildungsberuf)
> Influencer*in
> Journalist*in
> Mediengestalter*in (Ausbildungsberuf)
> Öffentlichkeits- und PR-Manager*in
> Social Media Manager*in
> Verbraucherschutz
> Wissenschaftskommunikation

Studiengänge:

> BWL
> Geistes- und sozialwissenschaftliche Studiengänge
> Journalistik
> Medienwissenschaften
> Publizistik

Nachhaltigkeitsziele:

4. Hochwertige Bildung weltweit

16. Frieden, Gerechtigkeit und starke und transparente Institutionen – je nach inhaltlichem Schwerpunkt kann man aber zu allen SDGs informieren

»Als Reporter berichte ich aus aller Welt über die Klimakrise.«

Wie ich zu meinem Job gekommen bin: »Ich hatte schon früh so ein Gefühl, dass ich gern Journalist wäre, wusste aber nicht, wie ich das anstellen soll. Zunächst habe ich Politik und VWL studiert. Während meines Studiums reiste ich dann mit dem Rucksack durch den Nahen Osten. In Beirut habe ich ein Praktikum bei einer englischsprachigen Zeitung gemacht, so ging es los. Zurück in Deutschland habe ich bei einer Lokalzeitung so richtig klassisch über Kaninchen- oder Taubenzüchtervereine geschrieben. Als 2011 der arabische Frühling losging, bin ich nach Nordafrika gefahren, um auf eigene Faust von den Aufständen dort zu berichten. Nachdem ich schon eine Weile als Reporter gearbeitet hatte, besuchte ich eine Journalistenschule, um das Handwerk richtig zu lernen.«

So sieht mein Job aus: »Ich arbeite als freier Reporter, bin also nicht bei einem bestimmten Medium angestellt, sondern veröffentliche meine Artikel in unterschiedlichen Zeitungen und Magazinen. Seit etwa zwei Jahren berichte ich vorrangig über die Klimakrise. Meine Tage unterscheiden sich, je nachdem, ob ich für einen Artikel unterwegs bin oder zu Hause. Wenn ich daheim in Berlin bin, treffe ich Klima-Aktivist*innen, Wissenschaftler*innen oder Politiker*innen, die mir erzählen, was ihrer Ansicht nach gerade wichtige Themen sind. Habe ich eine Idee für einen Artikel, dann schicke ich ein Exposé, also einen kurzen Entwurf, wie der Text aussehen könnte, an ein Medium. Gefällt den Redakteur*innen meine Idee, kann ich loslegen. Ich fahre an den Ort des Geschehens, schaue mir alles an, finde Gesprächspartner*innen und befrage sie: Warum machen sie das, was sie machen? Warum ist es wichtig, was hier passiert? Das alles nehme ich mit dem Handy auf und schreibe schließlich aus den gesammelten Informationen eine Reportage.«

Warum sich mein Job sinnhaft anfühlt: »Weil ich Menschen darüber informiere, welche schlimmen Auswirkungen die Klimakrise schon jetzt hat.«

Der Job könnte dir gefallen, wenn ... »du viele Ideen hast und diese auch gut verkaufen kannst, also andere davon überzeugen – denn als freier Journalist musst du immer wieder selbst auf Redaktionen zugehen.«

Du solltest aber wissen, dass ... »gerade freie Journalist*innen sehr wenig Geld verdienen. Von diesem Beruf zu leben, kann schwierig sein.«

Was du mitbringen solltest: Neugier; Sprachgefühl

Welcher Persönlichkeitstyp sich hier wohlfühlt: Das Energiebündel

Wege in den Job: In der Regel haben Journalist*innen zumindest einen Bachelor-Abschluss, wobei das Fach gar nicht so entscheidend ist. Das journalistische Handwerk lernt man in einem Volontariat, also einer Ausbildung direkt bei einem Medienhaus, oder auf einer Journalistenschule. Man kann sich aber auch »hocharbeiten«, etwa von kleinen Beiträgen für die Lokalzeitung zu einer Festanstellung oder mit regelmäßigen Aufträgen bei großen Medienhäusern.

Verwandte Schulfächer: Deutsch

Verwandte Berufe: Kommunikationsmanager*in; Blogger*in

Kontakt zu Menschen:

Gehaltsaussichten:

»Ich blogge über Nachhaltigkeit, informiere über ökologische Zusammenhänge, gebe Haushaltstipps oder teile Rezepte.«

Wie ich zu meinem Job gekommen bin: »Während meines Geografie-Studiums habe ich angefangen, zum Thema Müllvermeidung zu bloggen und das irgendwann auf Instagram ausgeweitet. Anfangs habe ich das eigentlich nur für mich gemacht. Aber irgendwann war mein Account groß genug, dass ich Geld verdienen konnte über Kooperationen mit Unternehmen. Also habe ich mich selbstständig gemacht und verdiene mein Geld als Influencerin, während ich noch studiere – neben Geografie inzwischen auch BWL.«

So sieht mein Job aus: »Ich habe einen strengen Posting-Plan. Montags, mittwochs und freitags poste ich abends immer einen Feed-Beitrag bei Instagram, Stories gibt es von Montag bis Samstag täglich. Ein- bis zweimal im Monat schreibe ich einen längeren Blog-Beitrag. Pro Woche mache ich höchstens einen Post, der gesponsert ist – mehr wäre mir zu viel Werbung. Außerdem steckt hinter jeder Kooperation eine ganze Menge Arbeit.
Entweder wendet sich eine Firma an mich oder ich kontaktiere selbst ein Unternehmen und mache ihnen einen Vorschlag. In beiden Fällen geht es dann in die Verhandlungen, welches Produkt ich vorstelle, wie viel Geld ich dafür bekomme, wie viel Reichweite ich versprechen kann. Dann muss ich mir den Post überlegen, Fotos machen und einen Text dazu schreiben. Ein Entwurf davon geht dann wieder an das Unternehmen, die gegebenenfalls Anmerkungen haben. Auch nach dem Posten ist die Arbeit nicht vorbei. Gemeinsam mit den Auftraggeber*innen bespreche ich anschließend, wie der Beitrag lief, also wie viele Leute ‚Gefällt mir' geklickt haben oder auf einen Link. Außerdem gehe ich auf die Fragen und Kommentare meiner Follower*innen ein. Als zweites Standbein habe ich einen

Online-Shop für nachhaltige Haushaltsartikel. Nur von Instagram zu leben, kann schwierig sein.«

Warum sich mein Job sinnhaft anfühlt: »Weil ich Menschen Inspirationen gebe, wie sie ihren Alltag nachhaltiger gestalten können.«

Der Job könnte dir gefallen, wenn … »es ein Thema gibt, für das du brennst, über das du ständig Neues lernen und dein Wissen mit anderen teilen möchtest. Sei es Gärtnern, nachhaltige Mode oder Müllvermeidung.«

Du solltest aber wissen, dass … »du wirklich dauerhaft online bist. Wenn ich nicht regelmäßig poste, merke ich das sofort an meinen Zahlen, und das wirkt sich dann wiederum negativ auf meine Einnahmen aus. Deshalb steht man ständig unter dem Druck, zu posten – Urlaub oder Social Media-Pausen mache ich fast nie.«

Was du mitbringen solltest: Eine große Leidenschaft für ein Thema; Spaß daran, Geschichten zu erzählen

Welcher Persönlichkeitstyp sich hier wohlfühlt: Der kreative Kopf; das Energiebündel

Wege in den Job: Eine Ausbildung als Influencer*in gibt es nicht, Tatjana sagt jedoch, dass ihr das BWL-Studium sehr hilft. Ansonsten hat sie vor allem viel im Austausch mit anderen Influencer*innen gelernt. Auch ein Studium wie Medien- oder Kommunikationswissenschaften kann nützlich sein.

Verwandte Schulfächer: Deutsch; Kunst

Verwandte Berufe: Social Media Manager*in; Journalist*in

Kontakt zu Menschen:

Gehaltsaussichten:

DISKRIMINIERUNG BEKÄMPFEN

Diskriminierung heißt, dass jemand aufgrund einer bestimmten Eigenschaft benachteiligt wird. Das kann soziale Ausgrenzung bedeuten, blöde Sprüche, Beleidigungen oder sogar körperliche Gewalt. Diskriminierung kann außerdem konkrete Auswirkungen im Alltag haben – z. B., dass eine Person eine Wohnung oder einen Job nicht bekommt.

Formen der Diskriminierung

Eigentlich sollte es in Deutschland keine Diskriminierung geben. Das sagt zumindest das Grundgesetz. Dort steht, dass »niemand wegen seines Geschlechtes, seiner Abstammung, seiner Rasse, seiner Sprache, seiner Heimat und Herkunft, seines Glaubens, seiner religiösen oder politischen Anschauungen«[23] bevorzugt oder benachteiligt werden darf. Tatsächlich ist Diskriminierung aber leider oft Alltag. Es werden eben nicht alle Menschen gleichbehandelt, stattdessen gibt es Vorurteile über viele Personengruppen. Für einige Formen der Diskriminierung gibt es sogar eigene Bezeichnungen:

> *Sexismus* bedeutet, dass Menschen aufgrund ihres Geschlechts benachteiligt werden.

> *Rassismus* heißt, dass Menschen Nachteile erleiden, weil sie einer bestimmten Bevölkerungsgruppe angehören.

> *Homophobie* bzw. *Transphobie* bezeichnet die Ablehnung gegenüber LGBTQI (Lesben, Schwulen, Bisexuellen, trans Menschen, Queeren und Intersexuellen).

> *Antisemitismus* lässt sich mit Jüd*innen-Feindlichkeit übersetzen.

> *Islamophobie* ist Hass auf Muslim*innen und ihre Religion.

> *Klassismus* bedeutet Diskriminierung aufgrund der sozialen Herkunft.

Alle diese Formen von Diskriminierung zeigen sich auf vielfältige Weise und können unterschiedliche Auswirkungen auf das Leben der Betroffenen haben. Ihnen allen ist jedoch gemein, dass sie unfair sind und in einer modernen Welt keinen Platz haben.

Aufklären, Betroffene stärken, Veränderungen erwirken

Deshalb gibt es Organisationen, die sich für Gleichbehandlung diskriminierter Gruppen einsetzen oder diese gezielt fördern. Das kann zum einen dadurch geschehen, dass Aufklärungsarbeit betrieben wird. Hierzu können Kampagnen gestaltet werden, die auf Diskriminierung aufmerksam machen oder helfen, Vorurteile abzubauen. Oft beruht Diskriminierung auf Unverständnis – Informationen können deshalb ein Schlüssel sein, um negativen Einstellungen entgegenzuwirken. Hier kommen unter anderem Kommunikationsspezialist*innen wie Social Media- oder PR-Manager*innen zum Einsatz. Pädagog*innen und Sozialwissenschaftler*innen wiederum können mit Vorträgen in Schulen oder gesellschaftlichen Einrichtungen über verschiedene soziale Gruppen aufklären und einen offenen Umgang miteinander üben.

Außerdem muss den Betroffenen von Diskriminierung der Rücken gestärkt werden. In Beratungsstellen können sie über verletzende Erfahrungen berichten, sich in Gruppen mit anderen austauschen und zu neuem Selbstvertrauen finden. Hier arbeiten unter anderem Sozialarbeiter*innen oder Psycholog*innen.

Diskriminierung ist nicht nur ein persönliches Problem. Weil Vorurteile so alt sind wie Gesellschaften selbst, stecken sie oft auch in Gesetzen, oder in Systemen wie der Schule. Hier haben z. B. Kinder

mit Migrationshintergrund generell schlechtere Chancen, einen guten Abschluss zu machen. In der Fachsprache nennt man das »strukturelle Diskriminierung«. Wenn man daran etwas ändern will, reicht es nicht aus, einer Einzelperson zu helfen, also nur einem Kind Nachhilfe zu geben. Stattdessen muss man auf politische Veränderungen hinwirken – sodass z. B. allen Kindern in Deutschland Nachhilfe zur Verfügung steht. Auch hierfür setzen sich Non-Profit-Organisationen ein, indem sie Aufmerksamkeit für Diskriminierung und die damit verknüpften Probleme schaffen.

Arbeitsstellen:

> Beratungseinrichtungen
> Hilfseinrichtungen
> NGOs (Non-Governmental-Organizations, also privat gegründete Organisationen für politische Angelegenheiten)
> Stiftungen
> Schulen

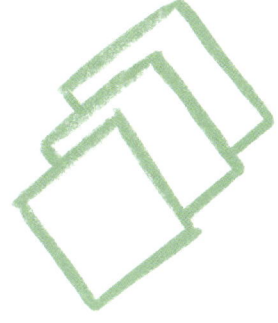

Jobs:

> Campaigner*in
> Change Manager*in
> Diversity Manager*in
> Inklusionsbeauftrage*r
> Pädadog*in
> Psycholog*in
> Social Media Manager*in
> Sozialwissenschaftler*in

Studiengänge:

> Grafikdesign
> Kommunikationsdesign
> Pädagogik
> Psychologie
> Soziale Arbeit
> Sozialwissenschaften

Nachhaltigkeitsziele:

 1. Armut in jeder Form und überall beenden

 5. Gleichstellung von Männern und Frauen

 10. Verminderte Ungleichheiten innerhalb und zwischen Ländern

»Ich gestalte die Social Media-Inhalte und die Website für eine Bildungsorganisation, die über Sexismus und Homophobie aufklärt. Damit sorge ich dafür, dass diese Informationen möglichst viele Menschen erreichen.«

Wie ich zu meinem Job gekommen bin: »Nach dem Abi habe ich angefangen, Romanistik zu studieren. Das war mir allerdings viel zu trocken. Ich bin eine sehr gestaltende Persönlichkeit, mache viel Musik, nähe gerne oder arbeite mit Holz. Deshalb habe ich nach etwa zwei Semestern angefangen, eine Mappe von Kunstwerken zusammenzustellen und mich bei einer Akademie für Grafikdesign beworben – und ich wurde genommen.«

So sieht mein Job aus: »Unsere Organisation hat Auftritte auf verschiedenen Kanälen. Ich bereite unsere Informationen und unser Wissen visuell auf, das heißt: Ich suche passende Bilder heraus, gestalte z. B. Instagram-Posts oder -Storys und unsere Website. Wir haben auch Merchandise wie Kalender und Jutebeutel, auch die designe ich. Das mache ich überwiegend am Computer, mit speziellen Grafikprogrammen.
Wenn man als Grafikdesigner*in angestellt ist, geht es nicht darum, Dinge so zu gestalten, dass man sie selbst schön findet. Stattdessen muss man etwas entwerfen, das eine bestimmte Gruppe von Personen anspricht, und das zur Marke passt. Unsere Organisation behandelt sensible Themen wie Schwangerschaftsabbrüche oder Essstörungen. Da kann man viel falsch machen, auch, was die Gestaltung angeht. Deshalb besprechen wir alle meine Designs im Team, denn Blickwinkel von unterschiedlichen Personen helfen.«

Warum sich mein Job sinnhaft anfühlt: »Meine Designs helfen, sexistische und homophobe Vorurteile aufzulösen. Ich gestalte unser Wissen so, dass es viele Leute erreicht – auch solche, die sich vielleicht noch nicht so sehr mit diesen Themen auseinandersetzen.«

Der Job könnte dir gefallen, wenn ... »du ein gutes Auge dafür hast, wie Dinge miteinander wirken – sei es beim Einrichten deines Zimmers oder beim Gestalten deines Instagram-Accounts.«

Du solltest aber wissen, dass ... »es ziemlich viele Grafikdesigner*innen gibt. Gerade in Werbeagenturen herrscht deshalb oft Ellenbogen-Denken. Zum Glück sind solche Agenturen aber nicht der einzige Weg. Man kann auch als Grafikerin in einem einzelnen Unternehmen arbeiten, so wie ich es tue.«

Was du mitbringen solltest: Freude daran, Dinge zu gestalten – »Zeichnen muss man übrigens nicht unbedingt können, das ist ein Vorurteil!«, sagt Antonia.

Welcher Persönlichkeitstyp sich hier wohlfühlt: Der kreative Kopf

Wege in den Beruf: Ausbildung als Grafikdesigner*in oder Mediengestalter*in; Studium Grafikdesign oder Kommunikationsdesign

Verwandte Schulfächer: Kunst; Werken; Musik

Verwandte Berufe: Mediengestalter*in Digital und Print; Kommunikationsdesigner*in; Social Media Manager*in

Kontakt zu Menschen:
☺ ☺ ☺ ☺

Gehaltsaussichten:
€ € € €

»In unserer Gesellschaft gibt es noch immer viele Vorurteile. Ich arbeite daran, diese abzubauen – und schule Menschen darin, wie man fair miteinander umgeht.«

Wie ich zu meinem Job gekommen bin: »Was ich studiert habe, hat mit dem Job wenig zu tun: Vergleichende Literaturwissenschaften und einen betriebswirtschaftlichen Master. Diversity war für mich aber immer ein Interesse, gerade in religiöser Hinsicht. Ich bin Jüdin und habe selbst Diskriminierung erlebt. Professionalisiert habe ich mich in einer Fortbildung, seitdem arbeite ich freiberuflich als Diversity Trainerin.«

So sieht mein Job aus: »Ich fahre zu Vereinen oder Unternehmen und gebe dort Workshops. Häufig nachgefragt wird der Workshop ‚Interkulturelle Kompetenzen'. Ziel ist, dass sich Menschen mit unterschiedlichen Hintergründen alle in einem Unternehmen wohlfühlen können. Das hat viel damit zu tun, wie man dort miteinander redet, dass etwa rassistische Bemerkungen tabu sind.
In so einem Workshop erkläre ich erst einmal die Grundlagen, was Diversity überhaupt ist und warum es wichtig ist. Dann gebe ich den Teilnehmenden häufig Stoff zum Nachdenken. Z. B. zeige ich gern einen Clip, in dem eine Schwarze Person auf der Straße weiße Leute fragt, wo sie herkommen. Wenn die dann sagen, ‚Hamburg' oder ‚Bayern', fragt die Person weiter nach, ‚Nein, wo kommst du wirklich her?', so wie es sich Menschen mit einer anderen Hautfarbe oft anhören müssen. So ein Rollenwechsel ist für mich ein zentrales Werkzeug beim Diversity Training. Ich möchte die Teilnehmenden dazu bringen, sich in die diskriminierte Personen hineinzufühlen, damit sie mehr darauf achten, wie sie sich ihnen gegenüber verhalten. Manchmal üben wir das auch in Rollenspielen.«

Warum sich mein Job sinnhaft anfühlt: »Wir sind eine diverse Gesellschaft, und wir alle sollten ohne Diskriminierung leben können. Ich merke, dass ich bei vielen Teilnehmenden Aha-Momente auslöse und sie ihre Einstellung und ihr Verhalten vielleicht ändern.«

Der Job könnte dir gefallen, wenn ... »du vielleicht auch ein Herzensthema hast. Meines ist der Antisemitismus, also Jüd*innenfeindlichkeit. Mich als Jüdin dort hinzustellen und persönliche Geschichten zu erzählen, macht mich verletzlich. Aber ich glaube, dass es mir gleichzeitig hilft, weil ich weiß, wovon ich rede.«

Du solltest aber wissen, dass ... »viele Unternehmen inzwischen Diversity-Abteilungen haben, in denen es mehr um Profit geht, oder um eine gutes Image. Als selbstständige Trainerin bin ich da unabhängiger – gleichzeitig ist die Selbstständigkeit unsicherer.«

Was du mitbringen solltest: Geduld, Empathie und ein dickes Fell – weil man sich angreifbar macht und manche Leute Diversity für Unsinn halten.

Welcher Persönlichkeitstyp sich hier wohlfühlt: Der Menschen-Mensch

Wege in den Job: Es gibt unterschiedliche Lehrgänge und Fortbildungen, die Diversity Trainer*innen ausbilden. Derzeit werden die ausschließlich bei privaten Instituten angeboten. Alexandra sagt: »Weil es noch keine offizielle Ausbildung gibt, gibt es viele Quereinsteiger*innen. Andere haben schon im Change Management gearbeitet, also Unternehmen bei Neuerungsprozessen unterstützt.«

Verwandte Schulfächer: Sozialkunde

Verwandte Berufe: Diversity Manager*in; Inklusionsbeauftragte*r; Change Manager*in

Kontakt zu Menschen:

Gehaltsaussichten:

POLITISCHE MITBESTIMMUNG ERMÖGLICHEN

In Deutschland leben wir in einer Demokratie. Das heißt, dass die Bürger*innen bestimmen, wer das Land regiert, was nicht überall auf der Welt selbstverständlich ist. In Diktaturen etwa entscheidet eine Person allein über das ganze Land. Wer anderer Meinung ist, wird eingeschüchtert, unterdrückt oder sogar eingesperrt. In Deutschland hingegen können alle ihre Meinung sagen und die Partei wählen, die sie wollen.

Allerdings heißt das noch lange nicht, dass unser politisches System perfekt ist. Obwohl sie die Politiker*innen wählen können, die sie vertreten, haben manche Bürger*innen den Eindruck, dass Politik überhaupt nichts mit ihnen zu tun hat. Manche gehen deshalb nicht einmal mehr zur Wahl. Doch das ist eine verpasste Chance.

Auch wenn es sich nicht immer so anfühlen mag: In einer Demokratie zu leben, heißt, mitgestalten zu können, in was für einer Welt man leben möchte. Wenn die Bewohner*innen eines Landes mit der Politik einer Regierung unzufrieden sind, weil diese z. B. nicht genug für soziale Gerechtigkeit tut, dann können sie sie abwählen. Sie können stattdessen Parteien an die Macht bringen, die diese Aufgaben besser erledigen. Das gilt auch für das Thema Nachhaltigkeit. Denn ohne eine nachhaltige Politik wird es keine Verbesserung geben. Politiker*innen halten die Fäden in der Hand, um wichtige Änderungen durchzusetzen.

Umso wichtiger ist es, dass alle über die Arbeit der Politiker*innen Bescheid wissen – ganz besonders dann, wenn diese Mist bauen. Außerdem muss den Bürger*innen klargemacht werden, welchen Einfluss sie haben. Dazu zählt es, über unser politisches System zu informieren. Dazu zählt es auch, zu erklären, wie man politischen Einfluss ausüben kann. All diese Dinge geschehen in der politischen Bildung – und die findet an unterschiedlichen Orten statt: an Schulen etwa oder in Universitäten, aber auch bei Veranstaltungen von Stiftungen oder Non-Profit-Unternehmen. Außerdem gibt es Lernmaterialien und Informations-Seiten im Internet, die Fragen der Bürger*innen klären. Arbeiten kann man hier sowohl im direkten Kontakt mit Menschen als auch im Hintergrund, beispielsweise beim Schreiben von Informationstexten.

Arbeitsstellen:

> Bürgerbegehren, Bürgerforen, Petitionen
> Jugendzentren
> Museen
> Politische Jugend- und Erwachsenenbildung
> Private Bildungsstätten
> Schulen
> Stiftungen, NGOs
> Symposien und Kongresse
> Universitäten
> Zentralen für politische Bildung

Jobs:

> Bürosachbearbeiter*In
> Dozent*in
> Forscher*in
> Fundraiser*in
> Journalist*in
> Kommunikationsmanager*in
> Lehrer*in
> Öffentlichkeitsmanagerin*in

Studiengänge:

> Geschichte
> Kommunikations-
  wissenschaften
> Lehramt
> Pädagogik/Erziehungs-
  wissenschaften
> Politikwissenschaften
> Soziologie

Nachhaltigkeitsziele:

 10. Verminderte Ungleich-
heiten innerhalb und
zwischen Ländern

 16. Frieden, Gerechtigkeit
und starke und transparente
Institutionen

»Ich sorge dafür, dass genügend Spenden zusammenkommen, damit unsere Organisation Politik transparenter machen kann.«

Wie ich zu meinem Job gekommen bin: »Ich habe mich schon immer für Politik interessiert. Während meines Bachelors in International Communication habe ich ein Praktikum bei einer Internetplattform gemacht, auf der Bürger*innen den Politiker*innen Fragen stellen können. Dort arbeite ich heute fest. Zwischendrin habe ich noch einen Master in Public Administration gemacht, und wurde dann nach meinem Abschluss angestellt.«

So sieht mein Job aus: »Unsere Organisation macht das politische System transparenter. Damit wir unabhängig sein können, wird unsere Arbeit komplett durch Spenden finanziert. Manche Leute unterstützen uns regelmäßig mit ein paar Euro im Monat, andere spenden einmalig größere Summen Geld. Mein Job ist es, neue Spender*innen zu gewinnen. Ich gestalte alle zwei Wochen einen Newsletter, der über unsere aktuellen Projekte informiert und den Empfänger*innen klarmachen soll, warum unsere Arbeit wichtig ist. In diesen E-Mails befindet sich dann immer ein Aufruf zum Spenden. Auch für Social Media schreibe ich Posts, um dort Spender*innen anzusprechen.
Ebenso wichtig sind diejenigen, die uns bereits unterstützen. Denen schreibe ich einmal im Jahr einen Spendenbrief. Der informiert sie, was wir mithilfe ihrer Spenden erreicht haben. Wenn jemand besonders viel spendet, rufe ich die Person unter Umständen an, um mich persönlich zu bedanken. Und manchmal erledige ich auch einfach nur bürokratische Aufgaben wie das Ausstellen von Spendenquittungen.«

Warum sich mein Job sinnhaft anfühlt: »Ohne Spenden könnten viele gemeinnützige Organisationen ihre Arbeit überhaupt nicht machen – dabei ist die enorm wichtig.«

Der Job könnte dir gefallen, wenn ... »du kein Problem damit hast, auf einer Party mit Menschen ins Gespräch zu kommen.«

Du solltest aber wissen, dass ... »man für die Arbeit seine Zurückhaltung überwinden muss. Am Anfang war es mir noch etwas unangenehm, Leute um Geld zu bitten. Aber es ist ja für einen wichtigen Zweck.«

Was du mitbringen solltest: Kommunikationsfähigkeit, sowohl schriftlich als auch im direkten Kontakt mit Menschen, Sprachgefühl; Interesse an sozialen Projekten und den Wunsch, sie voranzutreiben

Welcher Persönlichkeitstyp sich hier wohlfühlt: Der Menschen-Mensch; das Energiebündel

Wege in den Job: Ein Studium oder eine Ausbildung als Fundraiser*in gibt es bisher nicht – stattdessen arbeiten in diesem Bereich viele Quereinsteiger*innen.

Verwandte Schulfächer: Deutsch

Verwandte Berufe: Kommunikationsmanager*in

Kontakt zu Menschen:

Gehaltsaussichten:

BILDUNG FÖRDERN

Theoretisch hat in Deutschland jedes Kind die gleichen Chancen auf Bildung: Es gibt eine Schulpflicht. Die meisten Kinder gehen auf öffentliche Schulen, deren Besuch nichts kostet und die ihnen alles Nötige beibringen. Doch in der Realität kommen nicht alle Kinder in der Schule gleich gut klar.

Dafür gibt es viele Gründe: Eine Lernschwäche wie Legasthenie etwa, eine Behinderung oder auch, dass sie mit ihren Mitschüler*innen nicht klarkommen, unter Mobbing leiden oder zu Hause Stress mit ihren Eltern haben. Apropos Familie: Aus was für einem Elternhaus Kinder kommen, beeinflusst ihren Erfolg in der Schule stark. Wenn die Eltern sehr viel arbeiten müssen, haben sie vielleicht keine Zeit, den Kindern bei den Hausaufgaben zu helfen, und können Schulmaterialien oder Nachhilfe nicht bezahlen.

Studien zeigen auch immer wieder, dass es Kinder mit Migrationshintergrund in der Schule schwerer haben. Das kann daran liegen, dass sie oder ihre Eltern nicht so gut Deutsch sprechen. Ebenso kann es aber an Vorurteilen liegen, die Lehrer*innen gegenüber den Kindern haben. Als Folge werden Grundschüler*innen mit Migrationshintergrund seltener für das Gymnasium empfohlen – obwohl sie genauso gut geeignet wären.

In einer perfekten Welt gäbe es diese Unterschiede nicht, und jedes Kind hätte in der Schule gleiche Chancen. Wir können aber zumindest darauf hinarbeiten, dass Ungerechtigkeiten ausgeglichen werden. Lehrer*innen, die Klassen von bis zu 30 Schüler*innen betreuen müssen, können sich nicht immer ausreichend um jedes Kind und seine Bedürfnisse kümmern. Deshalb gibt es Hilfsangebote, die benachteiligten Kindern und Jugendlichen unter die Arme greifen. Schüler*innen können beim Lernen unterstützt werden, in der Schule oder an außerschulischen Lernorten. Auch frei zugängliche zusätzliche Lehrmaterialien können eine Hilfe sein. Je nachdem, welche Hilfe Schüler*innen brauchen, können sie individuell gefördert werden.

Arbeitsstellen:

> Außerschulische Lernorte
> E-Learning
> Jugendzentren
> Museen, Bildungseinrichtungen, Bibliotheken
> Nachhilfe, Hausaufgabenhilfe
> Schulen
> Stipendien

Jobs:

> Erzieher*in (Ausbildungsberuf)
> Lehrer*in
> Museumspädagog*in
> Pädagog*in
> Projektkoordinator*in für inklusive Bildung
> Sozialarbeiter*in

Studiengänge:

> Bildung für nachhaltige Entwicklung
> Lehramt
> Pädagogik/Erziehungswissenschaften
> Politikwissenschaften
> Soziale Arbeit
> Sozialwissenschaften

Nachhaltigkeitsziele:

1. Armut in jeder Form und überall beenden

4. Hochwertige Bildung weltweit

10. Verminderte Ungleichheiten innerhalb und zwischen Ländern

»Ich erstelle Lernmaterialien über Nachhaltigkeit, die für alle Kinder geeignet sind.«

Wie ich zu meinem Job gekommen bin: »Ursprünglich komme ich aus dem Medien-Bereich, habe Publizistik studiert und Öffentlichkeitsarbeit gemacht. Ich wollte dann aber einen Beruf ausüben, der einen größeren gesellschaftlichen Sinn hat. In einer Zertifizierung habe ich mich im Projektmanagement weitergebildet und mich so für eine Stelle als Projektkoordinator qualifiziert.«

So sieht mein Job aus: »Die Organisation, bei der ich arbeite, stellt inklusive Lernmaterialien für Schulen her, z. B. Lehrbücher und Arbeitsblätter. Inhaltlich befassen sich diese Materialien alle mit Themen um Nachhaltigkeit wie Wasserverschmutzung oder dem Klimawandel. Sie sollen jungen Menschen Fähigkeiten vermitteln, mit denen sie den Herausforderungen der Zukunft gewachsen sind. Damit das Material für alle Kinder zugänglich und verständlich ist, gibt es verschiedene Arbeitsblätter und Aufgaben für Schüler*innen mit unterschiedlichen Bedürfnissen. Für Kinder, die nicht so gut Deutsch sprechen, gibt es zusätzliche Blätter mit einem Wortspeicher, der Wörter erklärt. Manche Materialien sind auch als Videos in Gebärdensprache verfügbar oder in einer Audio-Version, sodass auch Schüler*innen mit Hör- oder Sehbeeinträchtigungen sie verwenden können.
Ich bin für die Zusammenstellung des Lernmaterials zuständig. Dafür schreibe ich selbst Texte, überlege mir gemeinsam mit meinen Kolleg*innen Aufgaben oder beauftrage und betreue freie Autor*innen, die ebenfalls Texte schreiben. Manchmal gehe ich auch in Schulen, mache Workshops mit Lehrer*innen und probiere die Materialien mit Kindern aus.«

Warum sich mein Job sinnhaft anfühlt: »Weil wir mit unserer Arbeit Schüler*innen über Nachhaltigkeitsthemen informieren und dabei kein Kind auf der Strecke bleibt.«

Der Job könnte dir gefallen, wenn ... »du gut darin bist, Dinge verständlich zu erklären.«

Du solltest aber wissen, dass ... »der Job als Projektkoordinator manchmal auch ganz schön einsam sein kann. Ich arbeite zwar mit unterschiedlichen Leuten zusammen, aber die meiste Arbeit liegt bei mir allein. Man sollte also in die eigenen Entscheidungen vertrauen.«

Was du mitbringen solltest: Fähigkeit zum selbstständigen Arbeiten; Vertrauen in die eigene Urteilskraft

Welcher Persönlichkeitstyp sich hier wohlfühlt: Das Organisationstalent

Wege in den Job: »Inzwischen gibt es sogar einen Studiengang, der Bildung für nachhaltige Entwicklung heißt. Die meisten meiner Kolleg*innen sind jedoch Quereinsteiger*innen, kommen aus der sozialen Arbeit, der Politikwissenschaft oder der Pädagogik«, sagt Jonas.

Verwandte Schulfächer: Deutsch; Sozialkunde

Verwandte Berufe: Lehrer*in; Erzieher*in

Kontakt zu Menschen:

Gehaltsaussichten:

BEI DER JOBSUCHE HELFEN

Arbeit spielt im Leben der meisten Menschen eine zentrale Rolle. Wir brauchen Arbeit, um Geld zu verdienen und um eine Wohnung, Essen und Hobbys zu bezahlen. Gleichzeitig bestimmt der Beruf mit, wer wir in dieser Gesellschaft sind und wie wir uns selbst sehen. Deshalb sollten im besten Fall alle Menschen einen Beruf finden, der ihnen einerseits genügend Geld zum Leben einbringt, andererseits Spaß macht und ein Gefühl von Sinn vermittelt.

Doch ebenso wie in der Schule kann es auch auf dem Berufsweg ungleiche Bedingungen geben. Manche Menschen bekommen eine Karriere quasi in die Wiege gelegt, weil sie z. B. in ein Familienunternehmen hineingeboren werden. Dagegen gibt es andere, die von ihren Eltern keine Tipps oder Kontakte zu einer guten Arbeitsstelle weitergegeben bekommen. Auch Krankheiten oder persönliche Probleme können Menschen zeitweise aus der Bahn werfen, sodass sie sich nicht mit voller Kraft auf ihre Ausbildung und Jobsuche konzentrieren können. Ebenso ist es möglich, dass Menschen erst nach einiger Zeit merken, dass ihnen ihr gewählter Beruf nicht gefällt oder sie dort nicht genug verdienen, um eine Familie zu ernähren. Und nicht zuletzt wollen manche Leute sich fortbilden, weil sie gerne mehr lernen und neue Erfahrungen machen möchten.

Unterstützung finden all diese Leute bei der Bundesagentur für Arbeit oder bei Bildungsträgern, die Umschulungen und Weiterbildungen anbieten. Mitarbeitende dort beraten Einzelpersonen, außerdem planen sie Schulungen und Lehrinhalte.

Job-Spot:

Bewährungshelfer*innen kennst du vielleicht aus dem Fernsehen. Tatsächlich ist das ein klassischer sozialer Beruf. Straftäter*innen, die aus der Haft entlassen wurden oder eine Bewährungsstrafe bekommen haben, müssen wieder in die Gesellschaft integriert werden. Bewährungshelfer*innen unterstützen sie z. B. bei der Suche nach einer Wohnung oder einer Arbeit. Sie kontrollieren außerdem, ob ihre Schützlinge sich an Bewährungsauflagen halten. (Studium)

Arbeitsstellen:

> Arbeitsagentur
> Bildungsträger
> Institute für Weiterbildung
> Privates Bewerbungscoaching und Berufsberatung
> Volkshochschulen

Jobs:

> Arbeitserzieher*in (Ausbildungsberuf)
> Fachangestellte*r für Arbeitsmarkt-dienstleistungen (Ausbildungsberuf)
> Job Coach
> Sozialarbeiter*in

Nachhaltigkeitsziele:

 1. Armut in jeder Form und überall beenden

Studiengänge:

> Erwachsenenbildung
> Pädagogik/Erziehungs-wissenschaften
> Soziale Arbeit

 4. Hochwertige Bildung weltweit

 8. Menschenwürdige Arbeit und Wirtschafts-wachstum

 10. Verminderte Ungleichheiten innerhalb und zwischen Ländern

»Ich helfe Menschen nach einer Krankheit oder Verletzung dabei, den Wiedereinstieg in den Arbeitsmarkt zu finden.«

Wie ich zu meinem Job gekommen bin: »Nach dem Abitur habe ich einen Bachelor und anschließend einen Master in Soziologie gemacht. Danach war ich in einer Firma tätig, die Arbeitskräfte vermittelt. In dieser Branche habe ich mich allerdings nicht so wohl gefühlt und deshalb noch einmal gewechselt.«

So sieht mein Job aus: »Ich bin bei einem Bildungsträger angestellt, der auf berufliche Rehabilitant*innen spezialisiert ist, das heißt: Menschen, die sich aus gesundheitlichen Gründen einen neuen Beruf suchen müssen. Zu uns kommen etwa Leute, die 30 Jahre auf einer Baustelle gearbeitet haben, nun aber körperlich so kaputt sind, dass sie nur noch Tätigkeiten im Sitzen ausführen können. Bis zu zwölf Monate lang können wir sie dabei begleiten, einen neuen Job zu finden. Das geschieht in Schulungen und Einzelberatungen.
Meine Aufgabe ist es, in persönlichen Gesprächen herauszufinden, welcher neue Beruf zu den Menschen passt, und ihnen Praktika zu vermitteln, in denen sie das ausprobieren können. Außerdem erstelle ich mit ihnen Bewerbungsunterlagen und wir üben, wie ein Vorstellungsgespräch abläuft.«

Warum sich mein Job sinnhaft anfühlt: »Wenn die Menschen zu uns kommen, sind sie in der Regel in einem Tief. Ich helfe ihnen, wieder eine Perspektive zu sehen.«

Der Job könnte dir gefallen, wenn ... »du Menschen motivieren kannst.«

Du solltest aber wissen, dass ... »du dich dabei selbst nicht zu wichtig nehmen solltest – denn die Teilnehmer*innen denken und handeln oft nicht so, wie du es dir vorstellst. Besserwisserei ist jedoch fehl am Platz.«

Was du mitbringen solltest: Toleranz; Geduld; Empathie

Welcher Persönlichkeitstyp sich hier wohlfühlt: Der Menschen-Mensch

Wege in den Job: »Meine Kolleg*innen haben ganz unterschiedliche Hintergründe«, sagt Tino. »Es gibt viele Quereinsteiger*innen. Die meisten haben jedoch auch vorher schon etwas mit Menschen gemacht, z. B. als Sozialarbeiter*in oder in der Erwachsenenbildung.«

Verwandte Schulfächer: Sozialkunde

Verwandte Berufe: Berufsberater*in; Job-Coach; Sozialarbeiter*in; Arbeitsassistenz

Kontakt zu Menschen:

Gehaltsaussichten:

DAS INTERNET SICHERER MACHEN

Kaum eine Technologie hat unser Leben in den vergangenen Jahrzehnten so beeinflusst wie das Internet. Wahrscheinlich kannst du dir überhaupt nicht mehr vorstellen, wie es ohne Internet wäre. Es ermöglicht uns den Zugang zu endlosen Informationen, jederzeit und überall. Wir können online Kontakt mit Familie und Freund*innen halten, selbst wenn sie am anderen Ende der Welt sind. Sogar mit Fremden können wir uns austauschen, von ihrem Wissen profitieren und zusammenarbeiten. Nicht zuletzt macht das Internet viele Alltagsdinge bequemer, vom Behördengang bis zur Reservierung in einem Restaurant.

Doch eben weil das Internet so viele Chancen bietet, sind damit auch Risiken verbunden, gegen die man vorgehen kann und sollte – damit uns das Internet als sicherer Ort für alles von Beziehungspflege bis Wissensaustausch erhalten bleibt.

Medienkompetenz

Das Internet ist die größte Informationsquelle, die es je gab. Gerade deshalb wird es immer wichtiger, richtig damit umgehen zu können, Bescheid zu wissen, welche Medien es gibt und wie man sie nutzen kann. Zum anderen ist es in den vergangenen Jahren immer wichtiger geworden, vertrauenswürdige Informationen von nicht-vertrauenswürdigen zu unterscheiden. Stichwort Fake News: Es gibt Menschen, die falsche Informationen verbreiten, weil es in ihrem Interesse ist. So verbreiten etwa rechte Gruppen erfundene Nachrichten über vermeintliche Verbrechen von Geflüchteten, um in der Gesellschaft rassistische Vorurteile anzuheizen. In den USA hat man beim Wahlkampf von Donald Trump gesehen, dass solche falschen Nachrichten einen großen Einfluss auf Wahlen haben können. Deshalb ist es sehr wichtig, Menschen im Umgang mit Medien zu schulen oder Fake News zu entlarven. Daran arbeiten Lehrer*innen und Pädagog*innen mit, außerdem gibt es Behörden und NGOs, die sich dem Thema verschrieben haben.

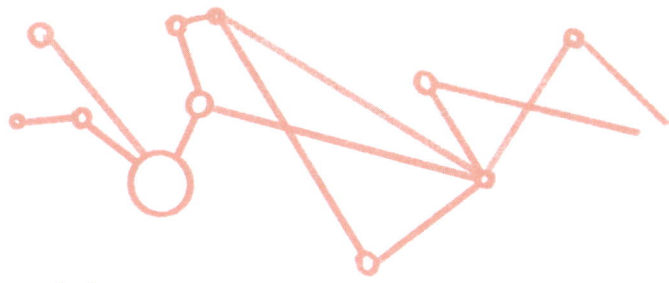

Datenschutz

Datenschutz klingt erst einmal nach einem trockenen Thema. Vielleicht hattest du schon mal mit der EU-Datenschutzgrundverordnung zu tun, die einige alltägliche Vorgänge deutlich komplizierter gemacht hat. Gleichzeitig ist Datenschutz für unser persönliches Leben enorm wichtig – vor allem, wenn immer mehr online abläuft.

Im Alltag teilen wir oft sehr private Informationen mit großen Unternehmen, z. B. in sozialen Netzwerken. Auch beim Thema Gesundheit soll in Zukunft viel mehr digital laufen, sodass Arztpraxen schneller untereinander Informationen über Patient*innen austauschen können. Bei all diesen Daten könnte es sehr unangenehm werden, wenn sie in falsche Hände geraten. Stell dir vor, dass deine Chats auf einmal für alle Welt zu lesen wären. Ganz schön unangenehm, oder? Und auch über deinen Gesundheitszustand sollte lieber niemand Bescheid wissen, den das nichts angeht – oder möchtest du, dass dich ein Arbeitgeber bei der Bewerbung aussortiert, weil du zu oft krank wirst?

Natürlich sind das Extrembeispiele – doch sie machen deutlich, warum Datenschutz wichtig ist. Deshalb braucht es IT-Expert*innen, die sichere Informationssysteme programmieren können, sowie Datenschutzbeauftragte, die großen Unternehmen auf die Finger schauen und dafur sorgen, dass diese verantwortungsvoll mit unseren persönlichen Informationen umgehen.

Job-Spot:

Seit es die neue Datenschutzgrundverordnung gibt, sind viele Unternehmen verpflichtet, **Datenschutzbeauftragte** einzustellen. Diese überprüfen dann, dass keine persönlichen Daten gegen den Willen von Menschen gesammelt oder ausgewertet werden. (Studium)

Engagement gegen Hatespeech

Eine der dunkelsten Seiten des Internets ist ohne Zweifel der Hass, der sich dort manchmal entlädt – und die Öffentlichkeit, in der Opfer dieses Hasses bloßgestellt werden. Vielleicht gab es in deinem Umfeld schon einmal Fälle von Cybermobbing, wo Menschen in sozialen Netzwerken oder Chatgruppen lächerlich gemacht wurden oder Fotos und gemeine Sprüche über sie kursierten. Auch Menschen, die in der Öffentlichkeit stehen, bekommen oft viele boshafte Reaktionen. Gerade, wenn sie sich zu gesellschaftlichen Themen äußern und Ungerechtigkeiten ansprechen, müssen sie sich auf Gegenwind einstellen. Tausende beleidigende Kommentare, E-Mails bis hin zur Androhung von Gewalt sind leider keine Seltenheit für Menschen, die sich öffentlich für etwas einsetzen.

Bei diesen Problemen kann man an zwei Stellen ansetzen. Zum einen kann man Betroffenen Wege zeigen, sich gegen Anfeindungen zu wehren und mit den psychischen Folgen umzugehen. Auf der anderen Seite kann man daran arbeiten, dass es zu solchen Vorfällen gar nicht erst kommt. Dazu gehört es, klarzumachen, welchen Schaden boshafte Kommentare anrichten können. Doch auch soziale Netzwerke müssen in die Pflicht genommen werden. Diese können z. B. Nutzer*innen sperren, die einfach nur Stimmung machen wollen, oder dafür sorgen, dass boshafte Kommentare gar nicht erst erscheinen. Einige Non-Profit-Organisationen haben sich diesen Themen bereits verschrieben. Mit Werbekampagnen, Beratungsangeboten und Workshops, klären sie z. B. in Schulen auf und stehen Betroffenen zur Seite.

Arbeitsstellen:

> Behörden
> Beratungsstellen
> Non-Profit-Organisationen
> Schulen

Jobs:

> Datenschutzbeauftragte*r
> Informatiker*in
> IT-Spezialist*in
> Lehrer*in
> (Medien-)Pädadog*in
> Sozialarbeiter*in
> Therapeut*in

Studiengänge:

> Informatik
> Informations- und Datenschutzrecht
> IT-Sicherheit
> Lehramt
> Pädagogik/Erziehungswissenschaften
> Psychologie
> Soziale Arbeit

Nachhaltigkeitsziele:

3. Gesundheit und Wohlbefinden

4. Hochwertige Bildung weltweit

10. Verminderte Ungleichheiten innerhalb und zwischen Ländern

»Hasskommentare, Beschimpfungen und Drohungen sind im Internet leider Alltag. Ich berate Betroffene und helfe ihnen, sich zu wehren.«

Wie ich zu meinem Job gekommen bin: »Ich habe Soziale Arbeit studiert und dann mehrere Jahre in der psychosozialen Beratung gearbeitet, mit Schwangeren und Familien. Schließlich bin ich auf eine Stellenanzeige von einer Organisation gestoßen, die Menschen unterstützt, die im Netz beleidigt oder bedroht werden. Das fand ich total spannend, weil es ein komplett neues Arbeitsfeld ist – und gleichzeitig ein extrem wichtiges.«

So sieht mein Job aus: »Ich berate Menschen, die im Internet angefeindet werden. Politiker*innen oder Aktivist*innen passiert das häufig. Erfahrungsgemäß sind es besonders oft Menschen mit Migrationshintergrund und Frauen, die beleidigt oder bedroht werden. Auch bei Problemen im privaten Umfeld beraten wir, etwa bei Cybermobbing.
In einem Beratungstermin geht es zunächst einmal darum, die jeweiligen Personen emotional abzuholen, denn in der Regel sind sie sehr mitgenommen, weinen vielleicht am Telefon. Schließlich überlegen wir gemeinsam, was die nächsten Schritte sein können. Manchmal ist es sinnvoll, Social Media Accounts vorläufig zu deaktivieren, in anderen Fällen kann Gegenrede helfen, also mit eigenen Statements zu reagieren. Gegebenenfalls erkläre ich den Anrufer*innen, wie man am besten Screenshots macht, die bei der Polizei als Beweise vorgelegt werden können. Außerdem besprechen wir, ob möglicherweise die Sicherheit der Person gefährdet ist. Die Gespräche können sehr unterschiedlich ablaufen, je nachdem, in welcher Situation sich die jeweilige Person befindet – und was sie gerade braucht. Genau das muss ich als Beraterin herausfinden.«

Warum sich mein Job sinnhaft anfühlt: »Online-Hass ist eine der größten gesellschaftlichen Herausforderungen unserer Zeit, das Problem wurde aber lange vernachlässigt. Deshalb sind wir Anlaufstelle für Betroffene, unterstützen sie in geeigneten Fällen mit der Finanzierung von Prozesskosten und klären Gesellschaft, Politik und Behörden über das Thema auf.«

Der Job könnte dir gefallen, wenn ... »du gut auf die Bedürfnisse von unterschiedlichen Menschen eingehen kannst, auch wenn sie emotional sehr aufgewühlt, vielleicht sogar wütend sind.«

Du solltest aber wissen, dass ... »man teilweise heftige Dinge zu sehen und zu hören bekommt, Gewaltandrohungen oder sexualisierte Inhalte. So was muss man aushalten und verarbeiten können.«

Was du mitbringen solltest: Kommunikationsfähigkeit; Konfliktfähigkeit; Widerstandsfähigkeit; Bewusstsein über gesellschaftliche Machtstrukturen und Diskriminierungsformen

Welcher Persönlichkeitstyp sich hier wohlfühlt: Der Menschen-Mensch

Wege in den Job: Studium Soziale Arbeit, Sozialpädagogik o. Ä.; Erfahrung in der psychosozialen Beratung; Weiterbildung in systemischer Beratung o. Ä.

Verwandte Schulfächer: Sozialkunde

Verwandte Berufe: Sozialarbeiter*in; Therapeut*in

Kontakt zu Menschen:
☺ ☺ ☺ ☺

Gehaltsaussichten:
€ € € €

143

GESUND BLEIBEN BIS INS ALTER

Spätestens, wenn man selbst oder jemand, den man gernhat, schwer krank wird, merkt man: Die körperliche Gesundheit ist unglaublich wichtig. Allerdings gibt es ziemlich viele Dinge, die unsere Gesundheit gefährden: Krankheiten können uns alle treffen, ob sie angeboren sind oder sich erst im Laufe des Lebens entwickeln. Das Gleiche gilt für Unfälle oder Naturkatastrophen.

Um Menschen in solchen Situationen genau die Hilfe zu bieten, die sie benötigen, gibt es medizinisches Fachpersonal. Der Gesundheitsbereich ist deshalb einer der größten und wichtigsten Arbeitgeber in Deutschland.

Kampf gegen Krankheiten und Unfallfolgen

Beschäftigte im Gesundheitswesen retten jeden Tag Leben und sorgen dafür, dass es Menschen besser geht. Was Ärzt*innen und Krankenpfleger*innen so machen, davon hast du vermutlich eine Vorstellung. Im Gesundheitswesen gibt es aber noch viele weitere Jobs: Ergotherapeut*innen oder Physiotherapeut*innen helfen Menschen, Schmerzen loszuwerden oder sich nach Unfällen wieder bewegen zu können.

Ein weiterer wesentlicher Bestandteil unseres Gesundheitswesens ist zudem die Pharmazie. Hier werden Medikamente entwickelt, die Krankheiten heilen oder ihre Symptome lindern können.

Obwohl wir inzwischen gegen viele Leiden Behandlungsmöglichkeiten haben, gibt es immer noch einige Krankheiten, gegen die es keine Medikamente gibt. Unter anderem deshalb ist die medizinische Forschung ein wichtiges Arbeitsfeld. Je mehr wir über den Körper wissen, desto besser können Krankheiten behandelt werden. In der Medizintechnik geht es z. B. darum, Geräte und Verfahren zu entwickeln, die bei der Behandlung von Krankheiten eingesetzt werden können.

Auch bei den Krankenkassen sind Mitarbeitende tagtäglich damit beschäftigt, dafür zu sorgen, dass Patient*innen notwendige Behandlungen bekommen.

Altenpflege

In vielen Ländern der Erde – Deutschland eingeschlossen – wird die Bevölkerung immer älter. Das liegt zum einen daran, dass die Menschen tatsächlich mehr Jahre leben, zum anderen, dass weniger junge Menschen nachkommen. Die Gesellschaft stellt das vor eine große Herausforderung. Denn viele Menschen können sich im Alter nicht mehr so gut um sich selbst kümmern. Sie sind körperlich nicht mehr fit und anfälliger für Krankheiten. Manche werden vergesslich. All diese Menschen brauchen Hilfe, um gut durch den Alltag zu kommen. In manchen Fällen können das Familienangehörige übernehmen. Doch oft ist das nicht möglich – schließlich haben die ja selbst Jobs, Kinder oder andere Dinge, um die sie sich kümmern müssen. Aus diesem Grund wird Personal, das sich um alte und kranke Leute kümmert, dringend gebraucht. Sie können bei Pflegediensten arbeiten und ihre Patient*innen in deren Zuhause betreuen. Außerdem arbeiten sie in Einrichtungen wie Alten- oder Pflegeheimen.

Arbeitsstellen:

> Alten- und Pflegeheime
> Apotheken
> Hospize
> Krankenhäuser
> Krankenkassen
> Pflegedienste
> Pharmazeutische Industrie
> Praxen
> Universitäten und Forschungsinstitute

Jobs:

> Alten- oder Krankenpfleger*in (Ausbildungsberuf)
> Apotheker*in
> Ärzt*in
> Chemiker*in
> Geburtshelfer*in (Ausbildungsberuf)
> Ingenieur*in für Medizintechnik
> Orthopädietechnik-Mechaniker*in (Ausbildungsberuf)
> Pharmazeutisch-Technische*r Assistent*in (Ausbildungsberuf)
> Physiker*in
> Physiotherapeut*in (Ausbildungsberuf)
> Rettungssanitäter*in (Ausbildungsberuf)

Studiengänge:

> Gesundheitswissenschaften
> Medizin
> Pflegewissenschaften
> Pharmazie
> Physik
> Psychologie

Nachhaltigkeitsziele:

2. Gesundheit und Wohlbefinden

IN PERSÖNLICHEN KRISEN DA SEIN

Ebenso wichtig wie die körperliche ist die psychische Gesundheit, also alles, was unser Fühlen und Denken betrifft. Bestimmt hast du schon erlebt, wie schlimm es sich anfühlen kann, wenn man über längere Zeit traurig, wütend oder verängstigt ist. Die Wissenschaft liefert zudem Beweise, dass Körper und Seele zusammenhängen: Wenn es jemandem dauerhaft psychisch nicht gut geht, leidet irgendwann auch seine Gesundheit darunter und umgekehrt.[24]

Damit wir es mit den großen Herausforderungen der Zukunft aufnehmen können, müssen wir unsere psychische Gesundheit im Auge behalten. Die ist ein Wert an sich – und außerdem Voraussetzung dafür, dass wir zur Tat schreiten und etwas verändern können.

Beratung in schwierigen Lebenslagen

So gut wie alle Menschen erleben in ihrem Leben ein- mal oder mehrere Male eine Zeit, in denen es ihnen psychisch nicht gut geht. Bei manchen ist es Stress bei der Arbeit, andere haben Probleme in ihrer Beziehung oder trauern um eine geliebte Person. In solchen Phasen kann es guttun, von jemandem professionell begleitet zu werden. Oft hilft es schon, wenn man einfach die Sorgen und Gedanken mit einer Person teilen kann. Gemeinsam fällt es außerdem oft leichter, Lösungen zu finden, wie man die schwierige Zeit übersteht. Es gibt auch Stellen, die speziell dafür da sind, Konflikte zwischen unterschiedlichen Parteien zu lösen – etwa, wenn sich zwei Eltern um das Sorgerecht ihres Kindes streiten. Oder für Frauen, die von häuslicher Gewalt betroffen sind. Berater*innen in solchen Stellen sind für unterschiedliche Notsituationen geschult und wissen, wie sie mit den Betroffenen umgehen müssen. Häufig haben sie eine Ausbildung im Bereich Sozialarbeit, Pädagogik oder Psychologie.

Hilfe bei psychischen Erkrankungen

Halten schwierige Gefühlszustände länger an, handelt es sich in vielen Fällen um eine psychische Erkrankung. Diese können jede*n treffen und sind weitverbreitet, auch wenn sich noch immer viele Menschen scheuen, darüber zu sprechen. Für die Betroffenen sind solche Erkrankungen oft eine große Belastung und schränken ihr Leben stark ein. Eine der häufigsten psychischen Erkrankungen ist die Depression, bei der sich Betroffene über lange Zeit niedergeschlagen und kraftlos fühlen. Verbreitet sind außerdem Angststörungen, bei denen die Betroffenen immer wieder Momente heftiger Furcht erleben. Menschen mit Zwangserkrankungen müssen bestimmte Handlungen oder Gedanken ständig wiederholen, sich beispielsweise unnötig oft waschen. Auch Essstörungen wie Magersucht oder Bulimie werden als psychische Erkrankungen gewertet, ebenso Abhängigkeiten wie Drogen- oder Spielsucht.

Die Forschung zeigt, dass es Menschen mit psychischen Erkrankungen hilft, über ihre Probleme zu reden. Außerdem können sie in Therapien Strategien lernen, mit ihrer Erkrankung umzugehen. Zusätzlich werden bei manchen Erkrankungen Medikamente verabreicht, von denen man weiß, dass sie Symptome wie Panikattacken lindern. Bei all diesen Schritten werden die Betroffenen von spezialisiertem Personal begleitet, also Pflegekräften, studierten Psychiater*innen oder Psycholog*innen.

Job-Spot:

In stationären und ambulanten Hilfseinrichtungen arbeiten **Fachkrankenpfleger*innen für Psychiatrie**, die speziell für die Arbeit mit Menschen mit psychischen Erkrankungen ausgebildet sind. In Krankenhäusern oder Wohngruppen sind sie Ansprechpartner*innen für Patient*innen. Sie kennen sich mit den Krankheitsbildern aus und wissen, welche Unterstützung Menschen in psychischen Krisen brauchen. Auch entsprechende Medikamente verabreichen sie. (Ausbildungsberuf)

Arbeitsstellen:

> Ämter, z. B. Jugendamt
> Beratungsstellen
> Frauenhäuser
> Kirchliche Einrichtungen
> Krankenhäuser
> Suchtberatungsstellen
> Praxen
> Telefonseelsorge

Jobs:

> Beziehungstherapeut*in
> Mediator*in
> Kunst- oder Musiktherapeut*in
> Pädagog*in
> Psychiater*in
> Psychotherapeut*in
> Sexualtherapeut*in
> Trauerbegleiter*in

Studiengänge:

> Medizin
> Pädagogik/Erziehungswissenschaften
> Psychologie
> Soziale Arbeit

Nachhaltigkeitsziele:

 3. Gesundheit und
Wohlbefinden

»Ich höre Menschen in schwierigen Lebenslagen zu – und helfe ihnen, Auswege aus der Situation zu finden.«

Wie ich zu meinem Job gekommen bin: »Ich habe Psychologie studiert mit der festen Überzeugung, dass ich nicht Therapeutin werde, sondern in die Forschung gehe. Damals dachte ich, dass ich mit den schwierigen Schicksalen von Menschen nicht umgehen könnte, dass mir ihre Geschichten zu nah gehen würden. Doch dann habe ich gemerkt, dass mein großes Mitgefühl eher eine Stärke ist – und mich doch für einen beratenden Beruf entschieden.«

So sieht mein Job aus: »Ich arbeite in einer Familienberatungsstelle. Dorthin kommen Eltern, Kinder, Jugendliche und junge Erwachsene, die psychologische Unterstützung suchen. Häufig habe ich mit Eltern zu tun, die unter Stress stehen, sich Sorgen um ihre Kinder machen oder mit ihren Ex-Partner*innen streiten. Jugendliche oder junge Erwachsene wenden sich z. B. an uns, weil sie Probleme in der Schule haben oder es zu Hause viele Konflikte gibt.
In Beratungsgesprächen höre ich diesen Menschen zunächst einmal zu. Das kann oft schon helfen, sie zu entlasten. Im nächsten Schritt überlegen wir, wie man ihre Situation verbessern könnte. Ich sage dabei nicht: Das und das musst du jetzt tun. Sondern wir schauen gemeinsam, was die Person braucht, welche Ideen und Stärken sie mitbringt, und was eine Lösung für ihr Problem sein könnte.«

Warum sich mein Job sinnhaft anfühlt: »Weil ich hier meine Fähigkeiten bestmöglich einsetzen kann, um anderen Menschen zu helfen.«

Der Job könnte dir gefallen, wenn … »du Freund*innen geduldig zuhörst, wenn sie ein Problem haben, und mit ihnen gemeinsam nach Lösungen suchst.«

Du solltest aber wissen, dass ... »es auch wirklich belastende Fälle gibt – z. B., wenn es um Gewalt in der Familie geht.«

Was du mitbringen solltest: Fähigkeit zum Zuhören; Mitgefühl; Lösungsorientierung

Welcher Persönlichkeitstyp sich hier wohlfühlt: Der Menschen-Mensch

Wege in den Job: Studium Psychologie; Soziale Arbeit oder Sozialpädagogik

Verwandte Schulfächer: Sozialkunde

Verwandte Berufe: Psychotherapeut*in; Sozialarbeiter*in

Kontakt zu Menschen:
☺☺☺☺

Gehaltsaussichten:
€ € € €

IN NOTLAGEN UNTERSTÜTZEN

In einer idealen Welt könnten alle Menschen gemeinsam in eine nachhaltige Zukunft starten und mit anpacken. Doch in der Realität gibt es viele, die erst mal dringendere Probleme haben, als sich ein Elektro-Auto anzuschaffen, da es ihnen an grundsätzlichen Dingen fehlt: Essen, Trinken, ein sicherer Platz zum Schlafen. Solche Grundbedingungen für ein menschenwürdiges Leben zu ermöglichen, ist Voraussetzung für eine bessere Zukunft.

Manche haben nicht genug Geld, um sich und ihre Familie zu ernähren oder neue Kleidung zu kaufen, und gehen deshalb betteln oder sammeln Pfandflaschen aus Mülleimern. Besonders in Großstädten gibt es viele Wohnungslose, die unter Brücken oder auf Parkbänken schlafen. Sie haben selten ausreichend zu essen und keine Möglichkeit zu duschen. Zudem bekommen sie keine medizinische Versorgung und sind dem Wetter schutzlos ausgeliefert.

Besonders kritisch ist auch die Lage von Geflüchteten, die nach Deutschland gekommen sind, weil sie in ihrem Heimatland nicht mehr sicher leben können. Sie kommen oft mit nichts außer dem, was sie am Körper tragen. Sie haben Schreckliches erlebt, und sind nun an einem Ort, wo sie die Sprache nicht sprechen, niemanden kennen, keine Möglichkeit haben, an Geld zu kommen.

Langfristig müssen wir darauf hinarbeiten, all diese Menschen wieder in die Gesellschaft zu integrieren, damit sie nicht nur das Allernötigste haben, sondern ein gutes Leben führen können. Doch um auf die Beine zu kommen, brauchen sie als Erstes eben: ein Bett, ein Bad, etwas zu essen. Um genau solche Menschen in akuter Not kümmern sich soziale Einrichtungen. In der Regel arbeiten dort ausgebildete Sozialarbeiter*innen, die es gewohnt sind, Menschen in schwierigen Lebenslagen zu betreuen. Wenn Kinder betroffen sind, sind auch Pädagog*innen gefragt. Damit soziale Einrichtungen ihre Arbeit leisten können, gibt es meistens noch eine Menge anderer Mitarbeitender, die die Bürokratie erledigen oder Öffentlichkeitsarbeit leisten.

Job-Spot:

Streetworker*innen heißen so, weil ihr Arbeitsplatz hauptsächlich die Straße ist. Sie sind unterwegs, um Menschen in Notlagen und schwierigen Lebenssituationen zu helfen. Sie suchen z. B. Kontakt zu Wohnungslosen oder Drogenabhängigen, gewinnen ihr Vertrauen und versuchen, ihnen zu einem besseren Leben zu verhelfen. (Studium)

Arbeitsstellen:

> Geflüchtetenhilfe: Beratungsstellen für Arbeitsmarkt, Rechtsfragen, Psychosoziale und sozial-pädagogische Betreuung
> Hilfsorganisationen
> NGOs
> Obdachlosenhilfe
> Suppenküchen, Tafeln
> Tagesstätten

Studiengänge:

> Jura
> Kommunikations- und Medienwissenschaften
> Psychologie
> Soziale Arbeit

Jobs:

> Dolmetscher*in
> Pädagog*in
> Sachbearbeiter*in
> Sozialarbeiter*in
> Rechtsberater*in

Nachhaltigkeitsziele:

1. Armut in jeder Form und überall beenden

3. Gesundheit und Wohlbefinden

10. Verminderte Ungleichheiten innerhalb und zwischen Ländern

»Gemeinsam mit Kolleg*innen habe ich einen Duschbus für Wohnungslose ins Leben gerufen. Ich sorge dafür, dass sie davon erfahren und informiere Außenstehende über unsere Arbeit, um Unterstützung zu gewinnen.«

Wie ich zu meinem Job gekommen bin: »Ursprünglich habe ich Medienmanagement studiert, danach für einige Zeit in einer Werbeagentur gearbeitet. Das hat mich aber überhaupt nicht ausgefüllt. Also habe ich meinen Job gekündigt und ganz lange im Ehrenamt gearbeitet, unter anderem ein Café für Obdachlose gegründet. Irgendwann kam uns dann die Idee mit dem Duschbus – und wir legten los.«

So sieht mein Job aus: »Ich koordiniere die Kommunikation mit unseren unterschiedlichen Zielgruppen. Als Erstes sind das die Obdachlosen selbst, denn die müssen wissen, wann der Bus an welchem Ort steht. Dafür produziere ich kleine Flyer, die z. B. in Suppenküchen ausliegen. Diese Infos kommen auch auf unsere Website. Bei unserem Projekt arbeiten viele Freiwillige, die sind die zweite Gruppe, mit der ich kommunizieren muss. Denen schicke ich Informationen, die sie zur Arbeit brauchen. Außerdem gibt es einen Newsletter. Darüber hinaus arbeiten wir mit anderen Hilfsprojekten in der Obdachlosenhilfe zusammen. Auch mit denen muss ich regelmäßig Kontakt haben, damit alle auf dem gleichen Stand sind. Zuletzt gibt es die Gruppe der Spender*innen. Unsere Arbeit wird komplett durch Spenden finanziert, deshalb müssen auch Privatpersonen und Firmen wissen, wer wir sind und was wir machen.

Das kann über Flyer passieren, Plakate oder Werbespots, z. B. in der U-Bahn. Auch in den sozialen Netzwerken sind wir aktiv. Dafür schieße ich Fotos oder schreibe Texte, die unsere Arbeit erklären.«

Warum sich mein Job sinnhaft anfühlt: »Waschen ist Würde. Ich helfe mit, dass alle Menschen die Möglichkeit dazu haben.«

Der Job könnte dir gefallen, wenn … »du weißt, wie du mit unterschiedlichen Menschen kommunizieren musst. Ich habe das beim Kellnern gelernt: zu wem ich besonders höflich sein muss und zu wem eher locker.«

Du solltest aber wissen, dass … »man manchmal dazu neigt, zu viel am Handy zu kleben, wenn man Social Media macht.«

Was du mitbringen solltest: Sprachgefühl; Motivation und Lust, dich einzubringen

Welcher Persönlichkeitstyp sich hier wohlfühlt: Das Energiebündel; der Menschen-Mensch

Wege in den Job: Studium, z. B. Kommunikations- oder Medienwissenschaften. Gülay sagt allerdings: »Meine Erfahrung im Ehrenamt hat mir tausendmal mehr gebracht als mein Studium.«

Verwandte Schulfächer: Deutsch; Kunst

Verwandte Berufe: Pressesprecher*in; Social Media Manager*in; Kaufmann*frau für Marketing-Kommunikation

Kontakt zu Menschen:

Gehaltsaussichten:

RECHTSWISSENSCHAFTEN

Jura ist einer der beliebtesten Studiengänge in Deutschland. Kein Wunder, denn als Jurist*in hat man auf dem Arbeitsmarkt viele Möglichkeiten. Zum einen kann man in den Staatsdienst gehen, als Staatsanwält*in Verbrechen zur Anklage bringen oder als Richter*in Urteile fällen. Anwält*innen treten in den unterschiedlichsten Angelegenheiten für die Interessen ihrer Klient*innen ein.
Aber auch bei der Arbeit für die gute Sache sind Rechtswissenschaftler*innen gefragt. Denn es gibt viele Ungerechtigkeiten, gegen die man vorgehen kann – wenn man nur die entsprechenden Rechtsmittel und -wege kennt. Doch Betroffene haben von diesen Dingen oft wenig Ahnung und können sich deshalb nicht wehren, obwohl es Möglichkeiten dazu gäbe. Jurist*innen können helfen, dass Menschen zu ihrem Recht kommen.

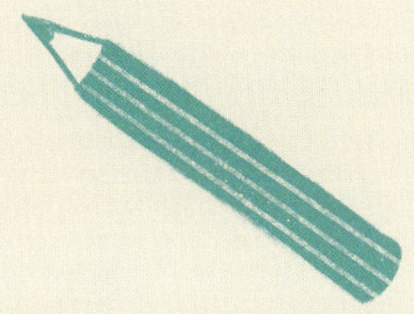

Einige Beispiele:

Rechtsberater*innen
Bei Hilfsorganisationen helfen sie Geflüchteten, ihren Aufenthalts-
status zu klären, oder Opfern von Gewalt, gerichtlich gegen die
Täter*innen vorzugehen.

Menschenrechtsexpert*innen
Sie sorgen bei Hilfsorganisationen dafür, dass gegen Menschen-
rechtsverletzungen wie Folter oder Verfolgung vorgegangen wird
oder setzen sich für die Freilassung von politischen Gefangenen ein.

Klimaaktivist*innen
Juristisch ausgebildete Klimaaktivist*innen nutzen Rechtsmittel wie
Klagen, um Staaten dazu zu bewegen, mehr für den Klimaschutz zu
unternehmen.

In den meisten großen **Non-Profit-Organisationen** gibt es Jurist*innen, die für alle rechtlichen Fragen zuständig sind.

HÜRDEN BESEITIGEN

In Deutschland leben rund acht Millionen Menschen, die der gesetzlichen Definition nach als schwerbehindert gelten.[25] Das heißt, sie sind durch eine Krankheit oder einen Unfall körperlich oder geistig so eingeschränkt, dass es ihr Leben stark beeinträchtigt.

Acht Millionen – das sind ganz schön viele Menschen, fast zehn Prozent unserer gesamten Bevölkerung. Und trotzdem ist die Welt, in der wir leben, an vielen Stellen nicht auf Menschen mit Behinderungen ausgelegt. Das fängt in öffentlichen Verkehrsmitteln an, wo Menschen im Rollstuhl vielerorts nicht in die Straßenbahn kommen. Es geht weiter in Schulen oder an Arbeitsplätzen, die keine Rücksicht nehmen auf Bedürfnisse, die aus einer Behinderung entstehen. Und es betrifft unser soziales Miteinander, aus dem Menschen mit Behinderung oft noch immer ausgeschlossen werden, weil es Vorurteile gibt oder andere sich nicht die Mühe machen wollen, Rücksicht zu nehmen.

Dabei können Menschen mit Behinderung Beziehungen haben wie alle anderen Menschen auch, sie können zur Schule gehen, eine Ausbildung machen, studieren und arbeiten, sie können sportlich sein, musikalisch und sprachbegabt. Sie brauchen bloß die entsprechenden Voraussetzungen dafür und manchmal etwas Hilfe von anderen Menschen. Es gibt eine Reihe von Jobs, die Menschen mit Behinderung die Teilnahme am Leben einfacher machen sollen. Das kann konkrete Unterstützung im Alltag sein, in der Schule oder zu Hause. Andere planen beispielsweise Gebäude, die für alle Menschen benutzbar sind, oder sorgen dafür, dass Informationen und Medien für Menschen mit Einschränkungen verständlich sind.

Job-Spot:

Fachkräfte für Inklusion arbeiten in Schulen, Behörden oder Verbänden. Dort fördern sie das Bewusstsein für Inklusion, also die gleichberechtigte Teilhabe für alle. Sie entwickeln auch konkrete Maßnahmen, z. B., Gebäude barrierefrei auszubauen. (Studium)

Arbeitsstellen:

> Behörden
> Kirchliche Träger
> Non-Profit-Organisationen
> Schulen und Kindergärten
> Sportvereine

Jobs:

> Alltagsbetreuer*in
> Erzieher*in (Ausbildungsberuf)
> Gebärdendolmetscher*in
> Inklusive Stadtplaner*in
> Integrations-Helfer*in
> Sonderpädagog*in
> Sozialarbeiter*in
> Sozialpägagog*in

Studiengänge:

> Pädagogik/Erziehungswissenschaften
> Sonderpädagogik
> Soziale Arbeit

Nachhaltigkeitsziele:

3. Gesundheit und Wohlbefinden

10. Verminderte Ungleichheiten innerhalb und zwischen Ländern

»Ich helfe Menschen mit Behinderungen, ein eigenständiges Leben zu führen.«

Wie ich zu meinem Job gekommen bin: »Früher hatte ich kaum Kontakt zu Menschen mit Behinderungen. Stattdessen habe ich mich als Jugendlicher in einem Projekt engagiert, das sozial benachteiligten Kindern Spielsachen bringt. Nach meinem Abitur habe ich angefangen, Volkswirtschaftslehre zu studieren. Das hat mir allerdings nicht so viel gegeben. Nach einem Praktikum in einer Werkstatt für Menschen mit Behinderung wusste ich: Das will ich machen.«

So sieht mein Job aus: »Ich arbeite in einem inklusiven Wohnquartier, wo Menschen mit und ohne Behinderungen leben. Dort gibt es mehrere WGs, von denen einige Bewohner*innen 24/7 betreut werden, andere nur ein- oder zweimal die Woche.
Diesen Menschen helfe ich, ihren Alltag zu meistern. Dazu gehört, dass ich mit ihnen einkaufen gehe, sie zum Arzt begleite oder sie unterstütze, wenn sie Behördengänge erledigen müssen. Viele können sich nicht allein im Straßenverkehr bewegen. Wir organisieren auch Freizeitaktivitäten mit den Menschen, etwa eine Fahrt in den Vergnügungspark, regelmäßige Kaffeekränzchen oder Karaoke-Abende für alle im Quartier.«

Warum sich mein Job sinnhaft anfühlt: »Alle reden von Inklusion – bei uns im Quartier wird sie gelebt. Am glücklichsten macht es mich, wenn ich sehe, wie unsere Bewohner*innen immer selbstständiger werden, z. B. ganz allein ins Fußballstadion gehen.«

Der Job könnte dir gefallen, wenn … »du Spaß daran hast, mit den unterschiedlichsten Menschen Zeit zu verbringen.«

Du solltest aber wissen, dass … »man zuweilen an der Bürokratie verzweifelt. Auf dem Amt wird nach Aktenlage entschieden, nicht nach Person. Ich setze mich immer für meine Bezugspersonen ein, aber manchmal bekommen sie trotzdem nicht die Förderung, die ich mir für sie wünschen würde.«

Was du mitbringen solltest: Offenheit, auf Leute zuzugehen; keine Berührungsängste

Welcher Persönlichkeitstyp sich hier wohlfühlt: Der Menschen-Mensch

Wege in den Job: Ausbildung als Heilerziehungspfleger*in

Verwandte Schulfächer: Sozialkunde; Biologie

Verwandte Berufe: Sonderpädagog*in; Sozialbetreuer*in

Kontakt zu Menschen:
☺ ☺ ☺ ☺

Gehaltsaussichten:
€ € € €

161

WELTWEIT HELFEN

Natürlich ist es wichtig, die Probleme im eigenen Land anzugehen. Allerdings wissen wir inzwischen alle: Wenn Mensch und Natur dauerhaft überleben wollen, müssen alle Staaten der Welt am gleichen Strang ziehen. Doch längst haben nicht alle Länder die gleichen Voraussetzungen. In manchen Staaten dieser Welt sind für die Einwohner*innen nicht einmal die Menschenrechte gesichert. Zudem sind finanzielle Ressourcen und Rohstoffe extrem ungerecht verteilt.

Zum Teil sind diese Ungleichheiten darauf zurückzuführen, dass reiche Nationen ihren Wohlstand auf Kosten ärmerer aufgebaut haben und ihre Lage auch heute noch ausnutzen. Für eine nachhaltige Zukunft müssen die Verhältnisse angeglichen werden. Reiche Nationen sind verpflichtet, ihren Teil dazu beizutragen.

Auf der ganzen Welt gibt es deshalb Organisationen, die sich dafür einsetzen, dass folgende Dinge überall gleichermaßen gewährleistet sind:

> Zugang zu Wasser und Strom, zu medizinischer Versorgung und sanitären Anlagen
> Genug zu essen
> Bildungschancen
> Faire Arbeitsbedingungen, Bekämpfung von Zwangsarbeit
> Zuverlässiges Rechtssystem
> Abschaffung von Todesstrafe und Folter
> Schutz von ethnischen Minderheiten
> Entschärfung und Verhinderung von Konflikten
> Friedensarbeit
> Schutz der örtlichen Umwelt, Pflanzen und Tiere

Staatliche Entwicklungszusammenarbeit

Seit gut 60 Jahren betreibt die Bundesrepublik Deutschland offiziell Entwicklungshilfe, etwa in Afrika oder im Nahen Osten. Zuständig dafür ist das heutige Bundesministerium für wirtschaftliche Zusammenarbeit und Entwicklung. Das Ziel von Entwicklungshilfe ist, andere Länder zu unterstützen. Dazu schließt das Ministerium mit anderen Staaten Verträge ab, in denen bestimmte Ziele festgelegt werden – z.B., dass im ganzen Land fließend Wasser zur Verfügung gestellt werden soll. Dafür stellt Deutschland Geld zur Verfügung. Außerdem werden Organisationen beauftragt, die diese Maßnahmen vor Ort umsetzen – entweder die staatlichen sogenannten Durchführungsorganisationen oder NGOs. Ähnliches gilt für Internationale Organisationen, hinter denen nicht nur ein Land steht, sondern ein Zusammenschluss von mehreren Ländern, die sich bestimmten Zielen verpflichtet haben. Dazu zählen z.B. die Vereinten Nationen oder die Europäische Union. Sie koordinieren und finanzieren ebenfalls Projekte. Manchmal entsenden aber auch sie Mitarbeitende.

Die Arbeit an diesen Stellen ist vor allem Planung und Bürokratie. So müssen Verhandlungen mit anderen Ländern geführt, Verträge abgeschlossen und Finanzierungen durchgerechnet werden.

Organisationen vor Ort

Hilfsorganisationen planen nicht nur aus der Ferne, sondern schicken Mitarbeitende in die jeweiligen Einsatzgebiete, wo sie am Erreichen der Ziele mitarbeiten. Je nachdem, um was für ein Projekt es sich handelt, werden dann unterschiedliche Fachkräfte gesucht. Soll z.B. die medizinische Versorgung verbessert werden, braucht die Hilfsorganisation vor Ort Ärzt*innen und Krankenpfleger*innen. Sind neue Brunnen geplant, müssen Ingenieur*innen und Brunnenbauer*innen ran. Geht es um Gesetze, sind Jurist*innen gefragt, beim Aufbau von Schulen Pädagog*innen und Lehrer*innen.

Davon abgesehen gibt es in der Regel Mitarbeitende, die das Projekt vor Ort koordinieren und so für unterschiedliche Einsätze infrage kommen.

Flucht und humanitäre Hilfe

Neben lang geplanten Hilfsmaßnahmen gibt es Einsätze in konkreten Notsituationen, etwa bei Kriegen oder Umweltkatastrophen. Auch in diesen Situationen leisten staatliche und nicht-staatliche Organisationen vor Ort Hilfe, um die Auswirkungen der jeweiligen Krise zu verringern. Dazu gehören Hilfslieferungen, ärztliche Betreuung, technische Unterstützung sowie Hilfe beim Wiederaufbau einer betroffenen Region. Hier kommt medizinisches Personal zum Einsatz, ebenso technisch ausgebildete Menschen und Fahrzeugführer*innen.

Immer wieder gibt es infolge von Kriegen und Naturkatastrophen große Fluchtbewegungen. Zuletzt waren das Menschen aus der Ukraine, die infolge des russischen Angriffs aus ihrer Heimat flohen. In den Jahren davor kamen viele Menschen aus Afghanistan und Syrien, die ebenfalls in ihren Herkunftsländern nicht mehr sicher waren. In Zukunft kann es aber auch passieren, dass es immer mehr sogenannte »Klimaflüchtlinge« gibt, die aufgrund von extremen Wetterbedingungen ihr Zuhause verlassen müssen. Die Flucht selbst ist für die Betroffenen oft hochgefährlich. So kommen jährlich Tausende zu Tode beim Versuch, das Mittelmeer zu überqueren. Menschen auf ihrer Flucht zu beschützen ist deshalb ebenfalls ein Einsatzbereich von Hilfsorganisationen, die im Ausland tätig sind.

Arbeitsstellen:

> Behörden
> Bundesamt für Migration und Flüchtlinge
> Internationale Organisationen
> Ministerien
> NGOs
> Staatliche Durchführungsorganisationen
> Technisches Hilfswerk

Jobs:

> Ärzt*in
> Dolmetscher*in
> Ehrenamtskoordinator*in
> Ingenieur*in
> Jurist*in
> Krankenpfleger*in (Ausbildungsberuf)
> Projektmanager*in
> Sachbearbeiter*in
> Techniker*in (Ausbildungsberuf)

Studiengänge:

> Ethnologie
> Geografische Entwicklungs-
> forschung Afrikas
> Ingenieurswesen,
> z. B. für Umwelttechnik
> Internationale Beziehungen
> Jura
> Medizin
> Politik- und
> Sozialwissenschaften

Nachhaltigkeitsziele:

16. Frieden, Gerechtigkeit und starke und transparente Institutionen

17. Partnerschaften, um Ziele zu erreichen

Grundsätzlich wirkt Entwicklungszusammenarbeit aber darauf hin, dass weltweit alle Nachhaltigkeitsziele umgesetzt werden.

»Ich arbeite in der Entwicklungs-
zusammenarbeit und helfe,
Partizipation und Teilhabe zu fördern.«

Wie ich zu meinem Job gekommen bin: »Studiert habe ich, was mich interessierte: Kulturwissenschaften und Politologie. Ursprünglich habe ich gar nicht gezielt nach einer Stelle in der Entwicklungszusammenarbeit gesucht. Stattdessen war ich für Stiftungen und im wissenschaftlichen Projektmanagement tätig. Darüber bin ich zu meinem Job gekommen, der auch Projektmanagement beinhaltet.«

So sieht mein Job aus: »Mein Aufgabenbereich nennt sich ‚Good Governance'. Dazu gehört beispielsweise Teilhabe für die Bürger*innen und Zugang zu Recht. Für mindestens zwei Jahre gehe ich dann in ein anderes Land. Zuletzt war es Uganda.
Je nach Projekt arbeite ich vor Ort mit lokalen Organisationen oder Institutionen zusammen. Für meinen Einsatz gibt es immer bestimmte Ziele, die in dem Zeitraum erreicht werden sollen. In Uganda war das z. B., ein Netzwerk von lokalen Organisationen zu unterstützen. Das mache ich in Treffen, mit Workshops und Trainings.
Meine Arbeit teilt sich etwa 50/50 in Schreibtischarbeit und praktische Arbeit auf. Im Büro kümmere ich mich um Konzepte, Abrechnungen und Berichte zu den Projektaktivitäten. Der Rest ist Feldarbeit.«

Warum sich mein Job sinnhaft anfühlt: »Menschen zu unterstützen, ihr Recht zu kennen und die Entwicklung ihrer Gesellschaft mitzugestalten.«

Der Job könnte dir gefallen, wenn … »du sehr motiviert bist und auch an schwierigen Aufgaben dranbleibst. Denn oft braucht es Geduld, bis die Projektarbeit Ergebnisse zeigt.«

Du solltest aber wissen, dass … »der Job einen großen Einfluss auf dein Privatleben haben kann. Wenn man ständig auf Einsätzen ist, kann es schwierig sein, Beziehungen zu Familie und Freund*innen aufrechtzuerhalten.«

Was du mitbringen solltest: Sprachkenntnisse – Englisch und mindestens eine international gesprochene Sprache wie Französisch oder Spanisch

Welcher Persönlichkeitstyp sich hier wohlfühlt: Die Toolbox

Wege in den Job: »Unter meinen Kolleg*innen gibt es Berufe aller Art, von Techniker*innen, Sozialwissenschaftler*innen bis zu Jurist*innen«, sagt Kai.

Verwandte Schulfächer: Politikwissenschaften; Fremdsprachen, z. B. Englisch, Spanisch oder Französisch

Verwandte Berufe: Stellen bei internationalen Organisationen wie der EU, in Ministerien und Behörden

Kontakt zu Menschen:

Gehaltsaussichten:

GEMEINNÜTZIGE ARBEIT ERMÖGLICHEN

Es gibt zahlreiche Non-Profit-Organisationen, die wichtige Arbeit leisten und tolle Ideen für eine bessere Welt haben. Doch selbst mit einem engagierten Team kann man nicht einfach losgehen und den Regenwald retten oder Rassismus bekämpfen. Gemeinnützige Organisationen sind auf Aufmerksamkeit für ihre Arbeit sowie öffentliche und private Unterstützung angewiesen. Am Ende heißt das oft einfach: auf Geld. In jeder Non-Profit-Organisation gibt es deshalb Menschen, deren Aufgabe es ist, finanzielle Unterstützung einzuholen.

Finanzierung sicherstellen

Non-Profit-Organisationen verdienen, wie der Name schon sagt, kein eigenes Geld. Deshalb müssen sie Geldquellen finden, mit denen sie ihre Arbeit finanzieren können. Für die meisten gemeinnützigen Zwecke gibt es Gelder von staatlichen Quellen, die Organisationen beantragen können. So vergeben die Bundesministerien Fördermittel für Projekte, die mit ihrer jeweiligen Aufgabe zu tun haben. Das Entwicklungsministerium etwa zahlt Hilfsprojekten im Ausland Zuschüsse, Kommunen finanzieren Frauenhäuser. Diese Gelder fließen in der Regel jedoch nicht einfach so, sondern müssen von den jeweiligen Organisationen immer wieder aufs Neue beantragt werden. Das Schreiben solcher Anträge kann je nach Größe der Organisation ein Vollzeitjob sein. Dort muss genau aufgeführt sein, wofür Geld benötigt wird, welche Maßnahmen umgesetzt werden sollen, wie viele Menschen daran arbeiten usw.

Neben staatlichen Geldern gibt es zudem private Förderer. Das können Stiftungen sein, die zu gemeinnützigen Zwecken gegründet und von Privatpersonen verwaltet werden. Auch Unternehmen kommen als Förderer infrage. Für diese ist es oftmals ein Weg, ihr Image aufzubessern, wenn sie für eine gemeinnützige Organisation spenden. Manchen Firmeninhaber*innen liegt einfach ein bestimmtes Thema am Herzen. Welche Motivation auch immer dahintersteht: Für Non-Profit-Organisationen können Unternehmen eine wichtige Geldquelle darstellen.

Und nicht zuletzt erhalten viele gemeinnützige Organisationen natürlich Spenden von Privatpersonen. Die geben zwar meistens kleinere Beträge, in der Masse kann aber eine Menge zusammenkommen. Deshalb ist das Anwerben von Spender*innen eine wichtige Aufgabe innerhalb von Non-Profit-Organisationen. Zunehmend geschieht das über das Internet. Auf Spendenplattformen können spontan größere Geldmengen für einen bestimmten Zweck gesammelt werden.

Die meisten Non-Profit-Organisationen haben Angestellte, die sich jeweils um verschiedene Geldquellen kümmern und dabei unterschiedliche Taktiken anwenden. Bestimmt hast du in der Fußgängerzone schon einmal Leute gesehen, die Passant*innen direkt ansprechen und um Spenden für eine Organisation bitten. Gleichzeitig versuchen die Organisationen mit Werbekampagnen und Social Media-Aktivitäten Spender*innen zu gewinnen.

Öffentlichkeits- und Lobbyarbeit

Geld ist jedoch nur ein Mittel, mit dem Non-Profit-Organisationen ein gesellschaftliches Anliegen vorantreiben. Denn in der Regel wollen sie nicht nur kurzfristige Verbesserungen erreichen, sondern langfristige Veränderungen. Aus diesem Grund sind Organisationen interessiert daran, die Öffentlichkeit und die Politik mit ins Boot zu holen. Wenn z.B. eine Tierschutzorganisation gegen Tierversuche kämpft, dann reicht es ihr in der Regel nicht aus, Mäuse aus Forschungslaboren zu retten. Stattdessen wollen sie auch erreichen, dass Tierversuche gänzlich verboten werden. Deshalb betreiben sie Lobbyarbeit, das heißt, sie versuchen, politische Entscheidungsträger zu beeinflussen. Mit dem Begriff Lobbyarbeit verbinden viele Menschen vor allem Schlechtes. Er klingt nach geheimen Deals im Hinterzimmer, und Negativbeispiele gibt es genug: Die Tabakindustrie hat z.B. eine starke Lobby und beeinflusst die Politik in ihrem Interesse. Oder die Waffenindustrie in den USA, die verhindert, dass es dort strengere Waffengesetze gibt. Lobbyarbeit ist jedoch nicht per se schlecht. Denn irgendwie müssen Politiker*innen von der Arbeit und den Zielen von Non-Profit-Organisationen erfahren. Und wenn sich gemeinnützige Organisationen ganz aus der Lobbyarbeit zurückziehen würden, dann würden sie Unternehmen das Feld überlassen, die keine moralischen Skrupel haben.

Davon abgesehen gibt es noch andere Wege, mit denen Non-Profit-Organisationen die Politik auf ihre Ziele aufmerksam machen können. Petitionen sind ein Mittel, um Aufmerksamkeit zu schaffen und deutlich zu machen, wie viele Leute ein Vorhaben unterstützen. Das geht über Unterschriftensammlungen oder Online-Petitionen. Kommen bei so einer Aktion genug Unterstützer*innen zusammen, ist die Politik gezwungen, sich mit dem Thema zu befassen.

Für die Arbeit in diesem Bereich braucht es Menschen, die sich mit dem Politikbetrieb und mit Kommunikation auskennen. Gemeinsam wirken sie an Strategien mit, Politik und Öffentlichkeit zu informieren und ihre Unterstützung zu gewinnen.

Job-Spot:

Bei **Campaigner*innen** laufen eine Reihe von Aufgaben zusammen. Sie planen und organisieren die Gesamtheit einer Kampagne, um Aufmerksamkeit für eine Organisation zu schaffen. Zunächst einmal entwickeln sie eine Strategie, wie sie ein bestimmtes Thema am besten darstellen, wen sie damit erreichen wollen und welche Mittel dafür geeignet sind. Dann sorgen sie dafür, dass ihre Kampagne umgesetzt wird, Werbeanzeigen geschaltet, Websites eingerichtet und auf Social Media Posts erstellt werden. Außerdem kommunizieren sie mit der Presse oder kontaktieren Politiker*innen und bitten diese um Unterstützung.

Arbeitsstellen:

> Beratungsstellen für NGOs
> Hilfsorganisationen
> NGOs
> Non-Profit-Organisationen

Jobs:

> Fundraiser*in
> Call-Center-Mitarbeiter*in
> Kaufmann*frau für Büromanagement
  (Ausbildungsberuf)
> Kommunikationsmanager*in
> Promoter*in
> Social Media Manager*in

Studiengänge:

> Kommunikationswissenschaften
> Medienwissenschaften
> Nachhaltigkeitsmanagement
> Non-Profit- und NGO-Management
> Politikwissenschaften

Nachhaltigkeitsziele:

Je nach Schwerpunkt einer Non-Profit-Organisation
kann es um alle Nachhaltigkeitsziele gehen.

LEITPLANKEN FÜR EINE BESSERE ZUKUNFT ENTWICKELN

Wenn wir weiterhin alle gemeinsam gut leben wollen, dann müssen wir viele Dinge anders machen. Vor uns liegen große Herausforderungen – ökologisch, sozial und ökonomisch. Darüber machen sich viele Menschen Gedanken – weil es sie interessiert oder, weil sie davon betroffen sind. Es gibt aber auch Menschen, die sich hauptberuflich die ganz großen Fragen stellen, und gemeinsam mit anderen Ideen für eine bessere Zukunft entwickeln.

Politik

Bei Arbeit in der Politik denken wir wohl zuerst an Berufspolitiker*innen wie Olaf Scholz oder Angela Merkel. Und natürlich ist das ein möglicher Job. Denn niemand kann so wichtige Entscheidungen treffen wie Politiker*innen. Sie haben die Macht, Gesetze zu erlassen, an die sich alle im Land halten müssen, seien es Firmen oder Privatleute. Die Menschen, die im Bundestag sitzen und die wir im Fernsehen sehen, sind aber nicht die einzigen, die in der Politik arbeiten. Hinter ihnen stehen etliche andere, die in den Parteien und den Parlamenten arbeiten. So brauchen Politiker*innen Mitarbeitende, die für sie Studien lesen, mit Expert*innen sprechen und ihnen Informationen zuarbeiten, auf deren Grundlage sie dann Entscheidungen treffen können. Sie brauchen Mitarbeitende, die ihren Terminplan managen und solche, die Presseanfragen verwalten. Wer politisch etwas bewegen will, findet hier interessante Stellen.

Nicht-staatliche Stellen

Die Politik funktioniert nach ihren ganz eigenen Gesetzen. Politiker*innen wollen gewählt werden und scheuen sich deshalb manchmal vor Entscheidungen, mit denen sie sich unbeliebt machen könnten. Die Parlamente spiegeln zudem nicht unbedingt die Breite der Bevölkerung wider. Deshalb ist es wichtig, dass sich auch andere Leute als Berufspolitiker*innen Gedanken machen über eine bessere Welt und Maßnahmen entwickeln, wie wir dorthin kommen. Orte, an denen das geschieht, sind Hochschulen, an denen unsere Welt erforscht wird und Wissenschaftler*innen ihre Schlüsse ziehen. Zunehmend gründen sich zudem sogenannte Think-Tanks, in denen sich kluge Köpfe mit Politik, Wirtschaft und Gesellschaft beschäftigen und neue Ideen entwickeln. Je nach Ausrichtung können dort Menschen aus allen Fachrichtungen arbeiten.

Job-Spot:

Die Angestellten von Bundestagsabgeordneten heißen **Wissenschaftliche Mitarbeiter*innen**. Mit Wissenschaft haben ihre Jobs aber in der Regel wenig zu tun. Stattdessen bereiten sie Treffen oder Reden für die Politiker*innen vor, lesen deren Post, beantworten Bürgerfragen und machen so ziemlich alles, wofür die Abgeordneten in ihrem Alltag selbst zu wenig Zeit haben. (Studium)

Arbeitsstellen:

> Hochschulen und Universitäten
> Non-Profit-Organisationen
> Politik
> Politische Stiftungen
> Think-Tanks
> Zukunftswerkstätten

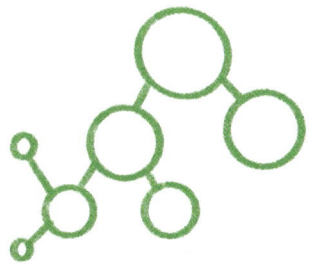

Jobs:

> Geistes- und Sozialwissenschaftler*in
> Journalist*in
> Jurist*in
> Naturwissenschaftler*in
> Philosoph*in
> Politiker*in
> Politische Berater*in
> Projektmanager*in

Studiengänge:

> Geistes- und Sozialwissenschaften
> Internationale Beziehungen
> Journalistik
> Jura
> Kommunikationswissenschaften
> Naturwissenschaften
> Politikwissenschaften

Nachhaltigkeitsziele:

Je nach Schwerpunkt kann es um alle Nachhaltigkeitsziele gehen.

»Ich schaffe Aufmerksamkeit für Lösungsideen zur Energiewende und bereite diese verständlich auf.«

Wie ich zu meinem Job gekommen bin: »Ich habe Kommunikationswissenschaften und Journalistik studiert. Weil ich schon immer politisch interessiert war und das Thema Energiewende sehr wichtig finde, wollte ich dann einen Job in diesem Bereich finden. So bin ich zu einem Volontariat, eine Art praktische Ausbildung, in der Kommunikations- und Presseabteilung einer Organisation gekommen, die zur Energiewende forscht und informiert.«

So sieht mein Job aus: »Meine Organisation erstellt Studien, die Menschen in wichtigen Entscheidungspositionen Informationen an die Hand geben, wie die Energiewende erfolgreich gelingen kann. Beispielsweise haben wir eine Studie gemacht, wie Deutschland bis zum Jahr 2054 klimaneutral wird, aber an Wirtschaftskraft gewinnt. Wenn die fertige Studie vorliegt, ist es meine Aufgabe, Medien darauf aufmerksam zu machen. Dazu schreibe ich Pressemitteilungen, in denen die Ergebnisse verständlich zusammengefasst werden. So wissen Journalist*innen, worum es geht und können über unsere Ergebnisse berichten, ohne selbst gleich die ganze Studie lesen zu müssen. Oder ich kontaktiere Journalist*innen und frage sie, ob sie über eine Studie exklusiv berichten wollen. Das heißt, eine Zeitung bekommt dann die Ergebnisse vor allen anderen. Außerdem beantworte ich Anfragen von der Presse, wenn z. B. ein Journalist anruft und irgendetwas wissen möchte, oder ein Interview mit jemandem aus der Organisation führen möchte.«

Warum sich mein Job sinnhaft anfühlt: »Unsere Organisation kann politische Lösungen zur Energiewende liefern, ohne von Politik oder Wirtschaft abhängig zu sein.«

Der Job könnte dir gefallen, wenn … »du gerne aktuelle Debatten verfolgst, z. B. auf Twitter. Welche Entwicklungen gibt es in der Energie- und Klimapolitik? Was ist politisch sonst gerade relevant? Und wenn du gerne komplizierte Themen einfach erklärst.«

Du solltest aber wissen, dass … »es manchmal ganz schön stressig werden kann. Dann passieren viele Dinge auf einmal – eine Journalistin ruft an, du musst aber noch die Pressemitteilung verschicken, dann ruft die Journalistin noch einmal an und gleichzeitig musst du noch Zitate freigeben.«

Was du mitbringen solltest: Multitasking-Fähigkeit; Sprachgefühl; ein Talent dafür, komplizierte Themen einfach zusammenzufassen

Welcher Persönlichkeitstyp sich hier wohlfühlt: Das Organisationstalent

Wege in den Job: Journalistische Ausbildung, z. B. ein Volontariat; praktische Erfahrung im Journalismus; Studium Kommunikationswissenschaften oder Journalistik

Verwandte Schulfächer: Deutsch

Verwandte Berufe: PR-Manager*in; Journalist*in

Kontakt zu Menschen:

Gehaltsaussichten:

EXKURS: WIE FINDE ICH HERAUS, OB EIN ARBEITGEBER WIRKLICH NACHHALTIG IST?

Es gibt Branchen und Unternehmen, bei denen man auf den ersten Blick sagen kann, dass sie nicht nachhaltig sind. So musst du wahrscheinlich keine Sekunde lang überlegen, ob du bei einem Kohlekraftwerk arbeiten möchtest. Doch bei deiner Suche nach einem Job wirst du auf viele Unternehmen stoßen, bei denen das nicht ganz so klar ist.

Hinzu kommt, dass etliche Unternehmen inzwischen sogenanntes »Greenwashing« betreiben, sich also umweltfreundlicher darstellen, als sie sind. Trotzdem möchtest du natürlich wissen, ob du guten Gewissens eine Stelle antreten kannst. Dafür ist etwas Recherche nötig.

Zu folgenden Fragen solltest du dir auf der Website des Unternehmens und über Suchmaschinen Informationen zusammensuchen:

Wer steht hinter dem Unternehmen?

Inzwischen ist es eine gängige Strategie von Konzernen, »grüne« Marken oder Projekte einzuführen. Damit soll das Image des gesamten Unternehmens aufgebessert werden. So gibt es beispielsweise große Nahrungsmittelkonzerne, die vegane und vegetarische Produktlinien anbieten und mit Nachhaltigkeit werben. Gleichzeitig roden sie weiterhin Regenwälder. Deshalb solltest du dir angucken, wer eigentlich hinter dem Unternehmen steckt. Steht es für sich? Oder gehört es zu einer größeren Organisation, die du möglicherweise ebenfalls unter die Lupe nehmen solltest? Solche Informationen stehen im Impressum der Website, im Zweifel findest du sie auch über eine Suchmaschine.

Greenwashing

Auf Deutsch bedeutet Greenwashing so viel wie »Grünwaschen« oder »Grünfärben«. Gemeint ist damit, dass sich Unternehmen, Organisationen oder theoretisch auch staatliche Institutionen als umweltfreundlicher darstellen, als sie sind – häufig, um damit von Problemen abzulenken.

Greenwashing kann auf unterschiedliche Weise betrieben werden. Typisch sind Verpackungen und Etiketten, Plakate, Fernsehspots sowie sonstige Werbekampagnen. Dort werden große Versprechungen gemacht, mit Projekten oder Maßnahmen geprahlt und natürlich die Farbe Grün verwendet. Wenn es tatsächliche nachhaltige Produkte oder Maßnahmen gibt, werden diese in den Vordergrund gestellt und aufgebauscht. Problematische Punkte werden hingegen verschwiegen oder schöngeredet.

Für Unternehmen lohnen sich diese Methoden, weil sie damit ihr Image aufbessern können – insbesondere heute, wo Menschen immer mehr auf Nachhaltigkeit achten. Zudem kann das Unternehmen auch höhere Preise für seine Produkte verlangen, weil bei vielen Verbraucher*innen inzwischen angekommen ist, dass Nachhaltigkeit Geld kostet. Für die Firma selbst ist Greenwashing am Ende die kostengünstigere Methode. Denn eine Werbekampagne kostet weniger Geld, als alle Produktionsschritte umzustellen, Mitarbeitende fair zu bezahlen und die eigenen Auswirkungen auf die Umwelt zu kompensieren.

Eben weil Unternehmen begriffen haben, dass Nachhaltigkeit den Kund*innen immer wichtiger wird, nimmt auch das Greenwashing zu. Werbeagenturen wissen inzwischen genau, welche Maßnahmen und Slogans gut ankommen. Umso wichtiger ist es, hinter vermeintlich grüne Versprechungen zu schauen.

Welche Werte hat das Unternehmen?

Vielleicht hast du hier und da schon einmal von einer »Firmenphilosophie« gelesen. Dieses Wort klingt ein bisschen hochgestochen, doch es kann dir wichtige Hinweise darauf geben, welche Werte ein Unternehmen vertritt. Denn so eine Philosophie gibt Auskunft darüber, was dem Unternehmen wichtig ist und worauf es hinarbeitet.

Auch hier kannst du auf der Website auf die Suche gehen. Neben »Firmenphilosophie« können solche Abschnitte auch »Wofür wir stehen«, »Ziele und Werte« oder ähnlich heißen. Hier sollte Nachhaltigkeit auf jeden Fall auftauchen – und zwar weit oben. Wenn stattdessen vor allem von »Qualität«, »Exzellenz« oder »Wachstum« die Rede ist, kannst du schon misstrauisch werden. Auch, wenn Nachhaltigkeit nur ein Punkt unter vielen ist, lohnt sich ein genauerer Blick.

Gibt es konkrete Informationen zu Nachhaltigkeit?

Nachhaltigkeit als eines der Ziele zu nennen, gehört bei den meisten Unternehmen inzwischen zum guten Ton. Die Frage ist jedoch, ob das nur schöne Versprechungen sind, oder ob die Unternehmen wirklich etwas tun. Wenn du dich durch eine Website klickst, solltest du deshalb vor allem darauf achten: Finden sich dort nur schöne Worte und hübsche Fotos – oder echte Informationen zu Maßnahmen und Projekten? Je konkreter und transparenter diese Informationen sind, desto besser. So ist es etwa ein gutes Zeichen, wenn ein Unternehmen auf der Website offenlegt, wie viel Energie es benötigt, wie viel der verbrauchten Ressourcen erneuerbar sind und welche neuen Technologien es einsetzt, um in Zukunft weniger zu verbrauchen. Im besten Fall gibt es konkrete Zahlen, also: »Wir wollen unseren Stromverbrauch in den nächsten fünf Jahren um 50 Prozent senken« und nicht bloß: »Wir wollen weniger Strom verbrauchen«. Findest du allerdings ausschließlich schwammige Absichtsbekundungen, spricht das eher gegen das Unternehmen.

Welche Rolle spielt Nachhaltigkeit im Kerngeschäft?

In einem Unternehmen, das sich wirklich der Nachhaltigkeit verschrieben hat, ist das im Kerngeschäft zu sehen. Das heißt: Es reicht nicht aus, wenn es einzelne »grüne« Projekte gibt, sondern die wesentlichen Produkte, Dienstleistungen oder Ziele eines Unternehmens müssen nachhaltig sein. Wenn beispielsweise eine Modekette eine einzelne Linie hat, die nur aus Bio-Baumwolle besteht und fair produziert wird, die Geschäfte ansonsten aber voll sind mit Fast Fashion, dann ist dieses Unternehmen nicht nachhaltig. Ganz im Gegenteil steht das Kerngeschäft dieses Unternehmens sogar im Widerspruch zu Nachhaltigkeit.

Gibt es einen CSR-Bericht? Was steht drin?

CSR steht für »Corporate Social Responsibility«, auf Deutsch: Soziale Verantwortung von Firmen. Unter diesem Begriff wird zusammengefasst, inwiefern Unternehmen sozial und ökologisch verantwortungsvoll handeln. Um das festzustellen, gibt es international anerkannte Leitlinien, etwa von den Vereinten Nationen oder der OECD, der Organisation für wirtschaftliche Zusammenarbeit.

In Deutschland gilt seit 2017 für große Unternehmen mit mehreren Hundert Beschäftigten die Pflicht, jährlich einen CSR-Bericht zu veröffentlichen. Dort muss dann z. B. offengelegt werden, wie viel Prozent ihrer Einnahmen aus nachhaltigen Geschäften stammen, und was sie in erneuerbare Energien investieren. Außerdem müssen die Unternehmen berichten, inwiefern sie sicherstellen, dass Menschenrechte eingehalten werden, und dass sie ihre Auswirkungen auf die Umwelt und die Mitarbeitenden kontrollieren.

Oftmals kannst du CSR-Berichte auf der Website dieser Unternehmen einsehen. Schau hier weniger auf Worte als auf Zahlen – denn die lassen sich nicht so einfach schönreden.

Liegen vertrauenswürdige Siegel oder Zertifikate vor?

Um nachhaltiges Wirtschaften messbar zu machen und dabei nicht nur auf Aussagen der Unternehmen vertrauen zu müssen, gibt es Siegel und Zertifikate. Die werden von unabhängigen Stellen ausgestellt, wenn Unternehmen oder Produkte bestimmte Anforderungen erfüllen. Auch solche Zertifikate können Hinweise geben, mit was für einem Unternehmen du es zu tun hast. So gibt es etwa:

> Siegel für die Produkte eines Unternehmens, z. B. Bio-Siegel in der Lebensmittelindustrie oder Textil-Siegel in der Modeindustrie
> Siegel für die Rohstoffe, die ein Unternehmen verwendet, z. B. Holz
> Siegel für CSR, die aussagen, wie sehr sich ein Unternehmen als Ganzes der Nachhaltigkeit verschrieben hat

Auch bei Siegeln und Zertifikaten sollte man genau hinschauen. Denn einige von ihnen haben kaum Bedeutung, weil die Anforderungen, die dahinterstehen, so gering sind. Außerdem kann theoretisch jeder ein Siegel erfinden, das zwar gut aussieht, aber den Unternehmen nicht wirklich Einsatz abverlangt. Deshalb lohnt sich auch hier immer eine schnelle Hintergrundrecherche. Inzwischen gibt es einige Websites und Apps, die aufklären, wer hinter bestimmten Siegeln steckt und ob diese vertrauenswürdig sind.

Zertifikate für die Arbeitsweise von Unternehmen als Ganzes, die hohe Standards erfordern und von wirklich unabhängigen Stellen überprüft werden, sind z. B. das »Eco-Management and Audit Scheme« (EMAS) und »Benefit Corporation«, kurz »B Corp«. Das EMAS, auch »Öko-Audit« genannt, wurde von der Europäischen Union entwickelt. Organisationen, die daran teilnehmen, müssen ihre Auswirkungen auf und ihre Bemühungen für die Umwelt offenlegen. »B Corp« ist ein internationales Zertifikat, das von einer Non-Profit-Organisation vergeben wird. Auch hierfür müssen Unternehmen hohe Anforderungen im sozialen, ökologischen und ökonomischen Bereich erfüllen.

Was ist sonst über das Unternehmen bekannt?

An dieser Stelle solltest du dich noch einmal von den offiziellen Informationen des Unternehmens entfernen, also nicht nur auf deren eigene Website schauen. Stattdessen kannst du dich über andere Quellen informieren, ob es irgendwelche »Leichen im Keller« gibt. Frag deine Eltern, ob ihnen der Unternehmensname etwas sagt, und was sie damit verbinden. Ist dieses Unternehmen vielleicht früher für seine Schnäppchen-Mentalität bekannt gewesen? Gab es Umwelt-Skandale oder Enthüllungen über miserable Arbeitsbedingungen? Auch hierbei ist das Internet eine gute Quelle. Du kannst z. B. den Namen des Unternehmens in eine Suchmaschine eingeben und mit verschiedenen Keywords wie »Skandal«, »Kontroverse«, »Ermittlungen« oder »Greenwashing« kombinieren. Wirst du hier fündig, ist das ein weiterer Grund zur Vorsicht. Unternehmen können sich zwar ändern, aber wenn es in der Vergangenheit immer wieder negative Schlagzeilen gab über Verstöße gegen Umweltschutz und Arbeitnehmerrechte, so kann man doch daran zweifeln, dass nun wirklich alles besser ist.

Frag nach!

Falls du schon so weit bist, dass du zu einem Vorstellungsgespräch eingeladen wirst, kannst du natürlich auch diese Gelegenheit nutzen. Erkundige dich im Gespräch nach den Nachhaltigkeitszielen des Unternehmens. Frag, wie du dich in dieser Hinsicht einbringen könntest. Im besten Fall zeigen sich deine Gesprächspartner*innen offen und haben Antworten parat, oder sie können dir zumindest sagen, wo du sie bekommst. Auch so wirst du an ihrer Reaktion merken, ob Nachhaltigkeit im Unternehmen ernst genommen wird. Wehren die Vertreter*innen des Unternehmens in so einem Gespräch ab, spielen das Thema herunter oder reagieren gar gereizt, kann das schon viel aussagen. Denn leider gibt es nach wie vor viele Unternehmen, die Nachhaltigkeit eher lästig finden. Und bei so einem Unternehmen möchtest du schließlich nicht landen.

UND WIE GEHT'S WEITER?

Wir haben nun von sehr vielen unterschiedlichen Berufen gelesen. Manche davon kanntest du vermutlich schon, andere waren dir vielleicht neu. Wir haben auch von Menschen gehört, die von ihrer täglichen Arbeit erzählen, was sie daran mögen und was sie stört. Außerdem hast du gelernt, nach welchen Kriterien man einen Beruf aussuchen sollte – und hoffentlich auch ein bisschen über dich selbst. Doch was nun? Wie kommst du von all diesen Informationen nun zu deinem Traumjob?

Fünf Anregungen, was du jetzt noch tun kannst:

Weiter informieren

In diesem Buch geht es vor allem darum, einen Überblick zu schaffen über die unterschiedlichen Möglichkeiten, in nachhaltigen Jobs zu arbeiten. Wenn dich ein Beruf oder Bereich interessiert, lohnt es sich, noch ein bisschen genauer hinzuschauen. Im Internet gibt es zahlreiche Websites, die über Ausbildungen, Studiengänge und Berufe informieren. In die Suchmaschine gibst du bei deiner Recherche am besten immer noch ein zusätzliches Keyword an, wie »Berufsbild«, »Ausbildung« oder »Tätigkeiten«, damit du nicht nur Stellenanzeigen findest. Wenn du dir gerne Videos anguckst, findest du auch bei YouTube viel Material zum Thema Jobs, mit Leuten, die von ihrer Arbeit erzählen oder dabei begleitet werden. Inzwischen gibt es auch eine ganze Reihe an Podcasts, in denen Menschen über ihre Arbeit berichten.

Sehr ausführliche Informationen zu so gut wie allen Berufen, Studiengängen und Ausbildungen gibt es außerdem im »Berufenet«, einem Angebot der Bundesagentur für Arbeit:
www.berufenet.arbeitsagentur.de.
In Österreich wird man beim Arbeitsmarktservice fündig:
www.ams.at/arbeitsuchende/aus-und-weiterbildung.
In der Schweiz bietet das Dienstleistungszentrum Berufsbildung ein umfangreiches Informationsportal an:
www.berufsberatung.ch/

Einfach fragen

An dieser Stelle möchte ich einen persönlichen Tipp geben. Denn beim Schreiben dieses Buches habe ich eine Sache noch einmal gemerkt: Menschen reden wirklich gerne über ihren Job. Fast alle Personen, die ich für dieses Buch angefragt habe, waren sofort bereit, mitzumachen. Man hat ihnen oft angemerkt, dass sie sich sogar freuen, von ihrer Arbeit erzählen zu können und meine Fragen zu beantworten.

Wenn du dich also für einen bestimmten Beruf interessierst, kann ich dich nur ermutigen, mit Leuten zu sprechen, die in diesem Bereich arbeiten. Du kannst dabei ähnlich vorgehen, wie ich es getan habe: Erst einmal im Bekanntenkreis herumfragen, ob jemand jemanden kennt. Wenn nein, gibt es immer noch das Internet. Entweder, du versuchst dort dein Glück über eine Suchmaschine. Wenn du alt genug bist, kannst du dich auch in einem beruflichen Netzwerk anmelden. Dort kannst du nach bestimmten Berufen suchen und bekommst dann Mitglieder vorgeschlagen, die diesen Beruf ausüben. Eine freundliche Nachricht à la »Hallo, ich bin X und würde gern Y werden. Können Sie mir vielleicht etwas über den Job erzählen?« – und vielleicht hast du schon den besten Kontakt an der Angel, den du dir wünschen kannst. Gerade wenn du noch jünger bist, solltest du so etwas allerdings unbedingt in Absprache mit deinen Eltern tun. Vor allem solltest du dich auf gar keinen Fall persönlich mit irgendwem treffen, den du nur aus dem Internet kennst.

Angebote von Unternehmen nutzen

Auch Unternehmen, Ausbildungsbetriebe und Universitäten selbst haben Interesse daran, guten Nachwuchs zu finden. Deshalb gibt es regelmäßig Angebote, mal »reinzuschnuppern«, bei einem Tag der offenen Tür etwa. Hochschulen bieten regelmäßig während der Uni-Bewerbungsphase Orientierungstage an. Solche Termine können super sein, weil du dir direkt vor Ort ein Bild machen kannst und das oft noch einmal etwas ganz anderes ist als alles, was man sich im Internet durchlesen kann.

Eine weitere Möglichkeit sind Karrieremessen oder Bewerber*innen-tage. Solche Events gibt es in jeder Region. Dort informieren Arbeit-geber aus der Gegend über Ausbildungs- oder Jobmöglichkeiten. An den unterschiedlichen Ständen stehen Mitarbeitende der Unterneh-men, denen du deine Fragen stellen kannst. Zusätzlich gibt es meis-tens noch Vorträge, auch zu allgemeinen Themen wie »Wie bewerbe ich mich richtig?«. Irgendetwas kannst du also auch bei solch einer Veranstaltung mitnehmen – und wenn es nur ein Kugelschreiber ist.

Zuschuss für deine Ausbildung

Studium und Ausbildung sind für viele Menschen eine Zeit, in der man ständig knapp bei Kasse ist. Als Student*in bekommt man kein Gehalt, als Azubi nur ein niedriges. Wer Glück hat, wird von seinen Eltern unterstützt. Andere haben im Studium einen Nebenjob – was aber stressig sein kann, weil man Zeit zum Lernen braucht.

In Deutschland gibt es unterschiedliche Möglichkeiten, sich in der Ausbildung unterstützen zu lassen. Zum einen ist da das staatliche Bafög. Wer nachweisen kann, nur wenig Geld zur Verfügung zu haben, kann Bafög beantragen und bekommt dann einen monatlichen Zuschuss. Das gilt sowohl für ein Studium als auch für eine Ausbil-dung. Wenn man später sein eigenes Geld verdient, muss das Bafög bis zu einem gewissen Betrag zurückgezahlt werden: *www.bafög.de*

Wer für Bafög nicht infrage kommt, kann sich für ein Stipendien-programm bewerben. Bei einem Stipendium bekommt man eben-falls monatlich einen Zuschuss, der in der Regel nicht zurückgezahlt werden muss. Dahinter stehen oft Stiftungen oder gemeinnützige Organisationen, die junge Menschen fördern wollen. Rund 3000 Stipendienprogramme gibt es in Deutschland, sowohl für Studierende als auch für Auszubildende. Für viele davon braucht man gute Noten, doch ein Einserabitur ist selten nötig. Stattdessen kann man ebenso mit sozialem Engagement überzeugen. Am besten informierst du dich schon vor deinem Schulabschluss über die Möglichkeiten. Eine solche Förderung zu erhalten, lohnt sich oft doppelt: Zum einen muss man sich weniger Sorgen um Geld machen, zum anderen knüpft man Kon-takte oder macht Erfahrungen, die bei der späteren Jobsuche helfen.

Ausprobieren

Egal, wie gut man sich auch über einen Job informiert: Den besten Eindruck bekommt man noch immer, wenn man ihn selbst einmal ausübt. Das geht z. B. während eines Praktikums. Wenn man noch in der Schule ist, sind die Gelegenheiten für Praktika allerdings begrenzt. Deshalb ist es ratsam, sich ganz genau zu überlegen, wo man hingeht – und nicht einfach etwas zu machen, das bequem ist. Denn eine bessere Chance, sich einen Job aus der Nähe anzugucken, gibt es nicht. Versuche also, eine Praktikumsstelle zu finden, die dich wirklich interessiert. Wer richtig engagiert ist, kann sich in den Schulferien weitere Praktika organisieren.

Auch bei Unternehmen gilt: Die meisten freuen sich über Interesse an ihrer Arbeit. Deshalb lohnt es sich, die eigene Zurückhaltung abzuschütteln und einfach mal anzuklopfen. Das musst du dabei nicht wörtlich nehmen. Auch hier tut es schon eine freundliche E-Mail, in der du darlegst, dass du dich für einen bestimmten Beruf interessierst und fragst, welche Möglichkeiten es gibt, sich davon einen Eindruck zu verschaffen. Die meisten Unternehmen werden deinen Einsatz zu schätzen wissen und dir gern weiterhelfen.

Angebote der Arbeitsagentur nutzen

Die Bundesagentur für Arbeit ist eine staatliche Einrichtung, die Menschen helfen soll, einen Job zu finden. Deshalb gehört es auch zu ihren Aufgaben, junge Menschen wie dich bei ihrer Suche nach dem perfekten Beruf zu unterstützen. Zu den Angeboten, die du in Anspruch nehmen kannst, gehören z. B.:

> Berufsorientierungstests, die dir sagen, welcher Beruf zu dir passen könnte
> Tests, mit denen du herausfinden kannst, ob du für deinen Traumjob geeignet bist
> Berufsorientierungszentren, die du besuchen und bei denen du dich über Jobs informieren kannst
> Online-Informationsmaterial zu unterschiedlichen Berufen, inklusive einer großen Auswahl an Filmen
> Sprechstunden an Schulen
> Persönliche Berufsberatungen

Vor allem letzteres Angebot kann sehr nützlich sein. Die Mitarbeitenden der Arbeitsagentur haben einen guten Überblick über Ausbildungsmöglichkeiten in deiner Region, sind geschult bei der Beratung und haben Tools zur Verfügung. Außerdem kann es oft unglaublich hilfreich sein, einmal eine Einschätzung von außen zu bekommen – also von jemandem, der dich noch nicht so lange kennt wie deine Eltern oder deine Freund*innen: *www.arbeitsagentur.de*. In Österreich und der Schweiz bieten der Arbeitsmarktservice sowie das Dienstleistungszentrum Berufsbildung ähnliche Leistungen an: *www.ams.at/arbeitsuchende/aus-und-weiterbildung, www.berufsberatung.ch/*

Fragen an dich selbst stellen

Niemand erwartet, dass du nur auf Basis dieses Buches eine Entscheidung für einen Job triffst. Aber trotzdem kann die Lektüre dir schon wichtige Hinweise geben, in welche Richtung es gehen sollte. Nimm dir deshalb die Zeit, dir nach dem Lesen ein paar Fragen zu stellen:

> *Welche deiner Fähigkeiten könntest du zu deinem Job machen?*
> *Welche Themen haben dein Interesse geweckt? Gibt es einen Bereich, der dich besonders anspricht?*
> *Bei welchem der Job-Porträts hast du beim Lesen gedacht: Das könnte ich mir vorstellen? Was hat dir daran gefallen?*
> *Und umgekehrt: Welches der Job-Porträts hat dich völlig abgeschreckt? Aus welchem Grund?*
> *Spricht dich eine bestimmte Form des Arbeitens an, z. B. das Arbeiten für eine Non-Profit-Organisation?*
> *Hättest du lieber einen Job, bei dem du viel mit Menschen zu tun hast. Oder einen, wo du eher deine Ruhe hast?*

Du kannst dir die Antworten notieren und sie zu einem späteren Zeitpunkt noch einmal durchlesen. Vielleicht findest du die Antworten auch nicht sofort – das ist ebenso normal und völlig okay.

Das Wichtigste ist, dass in deinem Kopf ein paar Überlegungen angestoßen wurden, die irgendwann vielleicht zu dem Job führen, der für dich perfekt ist.

EIN PAAR WORTE ZUM SCHLUSS

Das hier ist ein Sachbuch über Jobs, genauer gesagt hoffentlich über deinen Traumjob und wie du ihn findest. Ich, Helene, habe mich als Autorin deshalb bisher zurückgehalten. Nun möchte ich aber doch noch etwas sagen.

Als ich in der Position war, mir einen Job suchen zu müssen, hat mir das ziemlich große Angst gemacht. Ich hatte das Gefühl, so wenig von der Welt zu kennen. Wie sollte ich mich da entscheiden für einen Beruf, den ich – so dachte ich damals – mein Leben lang machen würde? Was, wenn ich mich falsch entscheiden würde? Was, wenn ich kein Geld verdienen würde mit dem, was ich da vorhabe? Vielleicht kennst du solche Sorgen.

Und wo wir schon beim Thema Angst sind: Auch jetzt habe ich manchmal Angst vor der Zukunft. Nicht wegen mir selbst. Sondern wegen all der Probleme, die wir in diesem Buch schon angeschnitten haben, allen voran der Klimakrise. Vielleicht kennst du auch diese Sorgen.

Gegen diese Angst hat es mir persönlich ein bisschen geholfen, dieses Buch zu schreiben. Klar, ich musste mich auch noch einmal mit allen Dingen beschäftigen, die gerade schieflaufen, habe mir vor Augen führen müssen, wie viel CO_2 wir alle tagtäglich produzieren, wie ungleich der Reichtum auf der Welt verteilt ist, wie viele Tiere vom Aussterben bedroht sind. Aber neben diesen Problemen habe ich auch Lösungen gesehen – und mit ganz vielen tollen Menschen geredet, die schon jetzt daran arbeiten, dass unsere Welt vielleicht doch nicht komplett vor die Hunde geht. Mir hat das Mut gemacht.

Und wo wir nun schon beim Thema Mut sind: Das Buch zu schreiben, hat mich auch noch mal entspannter gemacht, was die Berufswahl angeht. Derzeit habe ich zwar einen Job, der mir gut gefällt – aber sollte das einmal nicht mehr so sein, würde ich mich inzwischen eher trauen, etwas Neues auszuprobieren. Denn auch das haben mir die Interviews mit den unterschiedlichen Menschen gezeigt: Die Karriere ist keine Einbahnstraße. Man kann Abzweigungen nehmen, man kann umkehren, man kann sogar eine komplett neue Straße befahren.

Die Arbeitswelt ist riesengroß und manchmal schwer zu überblicken. Das kann beängstigend sein. Eigentlich ist es aber vor allem toll. Denn es gibt für jeden von uns Jobs, die unseren Fähigkeiten entsprechen. Und es gibt auch für jeden von uns einen Job, in dem wir mit diesen Fähigkeiten Gutes tun können. Egal, ob wir Organisationstalente, Toolboxen, Menschen-Menschen, Nerds, kreative Köpfe oder Energiebündel sind.

Das ist eine riesige Chance für uns – und für diese Welt.

QUELLEN

1   Yau, Nathan: How the Average Working Adult Spends Days (2017):
    flowingdata.com/2017/05/09/adulthood-days/

2   Neubacher, Aljoscha: Mach, was du kannst
    Warum wir unseren Begabungen folgen sollten – und nicht nur unseren Interessen (2018).

3   Humphrey, Stephen; Morgeson, Frederick und Nahrgang, Jennifer: Integrating Motivational,
    Social, and Contextual Work Design Features: A Meta-Analytic Summary and Theoretical
    Extension of the Work Design Literature (2007):
    citeseerx.ist.psu.edu/viewdoc/download?doi=10.1.1.466.4766&rep=rep1&type=pdf

4   Humphrey, Stephen; Morgeson, Frederick und Nahrgang, Jennifer: Integrating Motivational,
    Social, and Contextual Work Design Features: A Meta-Analytic Summary and Theoretical
    Extension of the Work Design Literature (2007):
    citeseerx.ist.psu.edu/viewdoc/download?doi=10.1.1.466.4766&rep=rep1&type=pdf

5   Layous, Kristin et. al.: Kindness Counts. Prompting Prosocial Behavior in Preadolescents
    Boosts Peer Acceptance and Well-Being (2012):
    journals.plos.org/plosone/article?id=10.1371/journal.pone.0051380

6   Wenzel Matiaske, Tanja et. al.: Arbeitszeitdiskrepanzen mindern Zufriedenheit mit Arbeit
    und Gesundheit (2017). In: WSI Mitteilungen (4/70):
    *www.nomos-elibrary.de/10.5771/0342-300X-2017-4-287/arbeitszeitdiskrepanzen-mindern-
    zufriedenheit-mit-arbeit-und-gesundheit-jahrgang-70-2017-heft-4*

7   Kersting, Felix und Pfeifer, Christian: Unfair wahrgenommene eigene Entlohnung, Arbeits-
    zufriedenheit und Kündigungsabsicht: Empirische Evidenz auf Basis des SOEPs (2013). In:
    Schmollers Jahrbuch (133/4):
    elibrary.duncker-humblot.com/zeitschriften/id/24/vol/133/iss/1371/art/7585/

8   Zentrum für gesellschaftlichen Fortschritt: Sicherheit macht zufrieden. Wie Verunsicherung
    die Zufriedenheit mit der Arbeit beeinträchtigt (2011):
    *zgf-fortschritt.de/media/pages/dokumente/3022059080-1626675103/2011-09_Sicherheit_
    macht_zufrieden.pdf*

9   Pfaff, Simon: Pendelentfernung, Lebenszufriedenheit und Entlohnung. Eine Längsschnitt-
    untersuchung mit den Daten des SOEP von 1998 bis 2009 (2014). In: Zeitschrift für Sozio-
    logie (2/43).
    core.ac.uk/download/pdf/291350611.pdf

10 Diese Einteilung basiert auf:
    Big Five Personality Traits
    Myer-Briggs Personality Types
    RIASEC-Interessen-Model
    Barron, Barbara; Tieger, Kelly und Tieger, Paul: Do What You Are. Discover the Perfect
    Career for you Through the Secrets of Personality Type (2021)
    Neubacher, Aljoscha: Mach, was du kannst: Warum wir unseren Begabungen folgen
    sollten (2018)

11 Bundeszentrale für politische Bildung: Was ist Nachhaltigkeit? Dimensionen und Chancen:
    www.bpb.de/apuz/188663/was-ist-nachhaltigkeit-dimensionen-und-chancen?p=all

12 United Nations: Our Common Future, Chapter 2: Towards Sustainable Development:
    www.un-documents.net/ocf-02.htm

13 Lexikon der Nachhaltigkeit: Drei Säulen Modell:
    www.nachhaltigkeit.info/artikel/1_3_a_drei_saeulen_modell_1531.htm

14 Die Bundesregierung: Nachhaltigkeitsziele verständlich erklärt:
    www.bundesregierung.de/breg-de/themen/nachhaltigkeitspolitik/nachhaltigkeitsziele-verstaendlich-erklaert-232174

15 Griffin, Paul: The Carbon Majors Database (2017):
    climateaccountability.org/pdf/CarbonMajorsRpt2017%20Jul17.pdf

16 Anteil der Bruttostromerzeugung aus Windkraft an der Gesamterzeugung in Deutschland
    in den Jahren 1998 bis 2020:
    de.statista.com/statistik/daten/studie/239528/umfrage/anteil-der-stromerzeugung-aus-windkraft-in-deutschland/

17 Verteilung der energiebedingten CO_2-Emissionen weltweit nach Sektor im Jahr 2018:
    de.statista.com/statistik/daten/studie/167957/umfrage/verteilung-der-co-emissionen-weltweit-nach-bereich/

18 McKinsey und Global Fashion Agenda (2020): Fashion on Climate:
    www.mckinsey.de/news/presse/2020-08-27-fashion-on-climate

19 Beitrag der Landwirtschaft zu den Treibhausgas-Emissionen (2021):
    www.umweltbundesamt.de/daten/land-forstwirtschaft/beitrag-der-landwirtschaft-zu-den-treibhausgas#treibhausgas-emissionen-aus-der-landwirtschaft

20 Branchenreport Bund ökologische Lebensmittelwirtschaft (2021):
    www.boelw.de/fileadmin/user_upload/Dokumente/Zahlen_und_Fakten/Brosch%C3%BCre_2021/B%C3%96LW_Branchenreport_2021_web.pdf

21 Vertragslösungsquote bei Berufsausbildungen in Deutschland von 2010 bis 2019:
    de.statista.com/statistik/daten/studie/257419/umfrage/vertragsloesungen-bei-berufsausbildungen-in-deutschland/

22 Studieren lohnt sich – aber was? (2017):
    www.spiegel.de/lebenundlernen/job/studium-und-ausbildung-im-einkommensvergleich-a-1140980.html

23 Grundgesetz für die Bundesrepublik Deutschland, Art 3:
    www.bundestag.de/parlament/aufgaben/rechtsgrundlagen/grundgesetz/gg_01-245122

24 Schulz, K.-H., Meyer, A. und Langguth, N.: Körperliche Aktivität und psychische Gesundheit
    (2012). In: Bundesgesundheitsbl (55:55-65):
    www.rki.de/DE/Content/Service/Sozialberatung/BGBL_Krprl_Akt_psych_Gesund.pdf

25 Statistisches Bundesamt: Gesundheit – Behinderte Menschen:
    www.destatis.de/DE/Themen/Gesellschaft-Umwelt/Gesundheit/Behinderte-Menschen/_inhalt.html

Helene Flachsenberg
Mach's zu deinem Job – Berufe für eine nachhaltige Zukunft
978 3 522 30601 0

Gesamtgestaltung, Innenlayout und -typografie:
Eva Jung und Wiebke Otto, gobasil GmbH, Hamburg
Satz: Swabianmedia, Eva Mokhlis, Stuttgart
Reproduktion: DIGIZWO Kessler + Kienzle GbR, Stuttgart
Druck und Bindung: Livonia Print, Riga

Wie rechts ist dein Feed bei Instagram, TikTok und Co?

Lisa Duhm

Sie sind überall

128 Seiten · Gebunden
ISBN 978-3-522-30593-8

Nazis, die gehören in den Geschichtsunterricht. So denken vermutlich viele. Vielleicht gibt es noch eine vage Vorstellung von Glatze, Springerstiefeln und Hakenkreuz-Tattoo. Doch die rechte Szene begegnet uns inzwischen als Influencer in den sozialen Medien, im Sportverein, in der Schule und in den Nachrichten. Täglich sind wir konfrontiert von Fake News, Rassismus, Antisemitismus und Verschwörungstheorien. Da kann es manchmal schwer sein, den Überblick zu behalten: Was ist eigentlich der Unterschied zwischen Rechtsextremismus, Rechtsradikalismus und Rechtspopulismus? Und wie gefährlich sind Gruppierungen wie die „Identitäre Bewegung" oder die „Neue Rechte"?

Lieblingsbücher fürs Leben.
www.thienemann-esslinger.de